Comment trader dans un range

Négociez sur le marché le plus intéressant du monde

Traduit de l'anglais par Lauriane Ghigiassa

Heikin Ashi Trader

I0391376

DAO PRESS

Table des matières

1. Introduction au trading range

En matière de conditions de marché, les traders parlent généralement de marchés en tendance et de marchés sans tendance. Il semble ainsi que les marchés en tendance rapportent de l'argent, tandis que les marchés à tendance nulle, dont les résultats ne sont guère inspirants, doivent être évités.

Cette approche est la conséquence logique d'une philosophie du marché qui appuie son étude du comportement des marchés financiers essentiellement sur le suivi des tendances. Il s'agit là, selon moi, d'une perspective sur laquelle les traders devraient s'interroger. Ce que les traders perçoivent comme des « tendances » sur un graphique ne sont bien souvent rien de plus que rares anomalies.

La norme veut que les marchés financiers effectuent largement leurs opérations sur des zones sans tendance, difficiles à définir. Dans ces cas-là, les marchés participants semblent adopter une position attentiste. Il est un fait que, dans ce secteur également, les contrats changent les titulaires, ce qui peut engendrer une certaine volatilité. Néanmoins, ces opérations ne sont pas suffisamment importantes pour générer un mouvement significatif que les traders pourront identifier comme étant une « tendance.

Comme toujours, les traders achètent et vendent et ce à des prix qui semblent mettre tous les acteurs du marché d'accord. On note également des hausses et des baisses, mais elles sont restreintes même si le trader parvient à les repérer sur le graphique. Ces extrêmes constituent alors les prix les plus bas ou les plus élevés que les acteurs du marché sont prêts à débourser. Lorsque les cours atteignent de telles extrémités, le trader remarque que le marché tend à faire un virage à 180 degrés pour se précipiter en direction de l'extrême opposé.

Dans le jargon du trader, on parle dans ce cas de **marché latéral** ou de **trading range**. Étant donné que la plupart des traders suivent les tendances, ils écartent de telles phases de marché ou bien ferment des positions tandis que le marché entre dans une telle phase. Ensuite, ils attendent l'arrivée du prochain « signal ». Ces traders-là espèrent que le marché évoluera et retrouvera la tendance précédente.

Loin de moi l'idée de condamner cette manière de penser. Il s'agit là d'une approche de négociation fondée, potentiellement lucrative qui fonctionne, bien entendu, tout particulièrement sur les marchés en tendance. En revanche, dans le cas contraire, le trader parvient difficilement à atteindre ses objectifs.

Un simple regard sur la paire de devises EUR/USD ci-dessous met en lumière plus étroitement le problème.

Image 1 : EUR/USD, graphique journalier,

mai 2015 à octobre 2016

L'image représente le cours de l'EUR/USD sur une période d'environ 16 mois. Incontestablement, on remarque des tendances baissières et haussières dont aurait pu profiter avantageusement un trader. Pourtant, en regardant plus attentivement, on se rend bientôt compte que la paire n'était la plupart du temps pas dans un mouvement de tendance, mais seulement cotée à l'oblique.

J'ai surligné en jaune certaines de ces phases latérales sur le graphique. Si vous comptiez le nombre de journées de négociation durant lesquelles le marché était dans une phase sans tendance, vous constateriez rapidement qu'il s'agissait là d'une très large majorité de jours. Autrement dit, les tendances sont les exceptions, les marchés latéraux sont la règle.

Certains lecteurs pourraient à présent m'accuser d'avoir volontairement sélectionné une phase latérale de l'Euro-Dollar (EUR/USD).

Image 2 : EUR/USD, graphique journalier, juin 2014 à février 2015

Quiconque observe la période de juin 2014 à février 2015 de l'Euro-Dollar (EUR/USD) verra assurément une nette « tendance baissière ». Difficile de le nier. Cependant, en l'étudiant plus attentivement, on remarque également une tendance latérale chez l'Euro-Dollar durant la plupart des journées de négociation (surlignées en jaune sur le graphique). Les jours où le marché a pris distinctement la direction d'une tendance ne sont qu'une minorité.

Vu sous cet angle, les acteurs du marché semblent faire baisser le cours de la paire. Ils achètent l'euro et vendent le dollar. Néanmoins, pour que cette orientation soit effectivement rentable, il vous faudra, en tant que trader, vous armer d'une bonne dose de patience. Durant certaines des phases latérales de cette « tendance », le marché a mis plus d'un mois à revenir dans la direction souhaitée.

Un investisseur ou un trader opérant à moyen ou à long terme pourra s'appuyer sur cette appréciation du dollar et rester en toute confiance hors d'une phase de ce type. La question est cependant : un trader à court terme souhaitant gagner de l'argent en négociant des devises peut-il faire de même ?

En dépit de cette observation manifeste, la plupart des stratégies de trading à court terme reposent sur ce modèle de suivi de tendance, pourtant manifestement complexe à mettre en œuvre. La plupart des traders de ma connaissance sont plus ou moins dans l'attente d'un plus grand mouvement, qu'ils se considèrent comme des day traders, des scalpers, ou autre.

Le soir (ou durant le week-end), lorsque tout est terminé sur le marché, des traders regrettent de ne pas avoir entrepris telle ou telle action au cours de la journée, bien que la raison en soit évidente en consultant le graphique.

Cela est dû au fait qu'ils présument que leurs objectifs financiers seraient plus facilement atteignables s'ils parvenaient à saisir de temps à autre l'un de ces grands mouvements. Alors ils pourraient se dire, « Je réussirai en tant que trader ».

Dans le même temps, certains petits groupes de traders spécialisés ne se préoccupent pas de ces tendances, faisant d'ailleurs l'exact opposé : ils agissent lors des phases sans tendance. Cela est compréhensible. Si vous observez un graphique boursier en tant que débutant, votre regard se portera en premier lieu sur les gros mouvements qui se produisent parfois. En outre, les néophytes se demanderont : « Que puis-je faire pour profiter d'un tel mouvement ?

Étonnamment, la majeure partie de la littérature dédiée au trading porte elle aussi sur l'identification des tendances. Cela s'applique non seulement aux ouvrages ouvertement consacrés au suivi de tendance, mais également à la plupart des livres portant sur le trading intraday. Bien que trader à court terme ne signifie pas suivre la tendance ou investir, il y est principalement question de capturer les « gros » mouvements intraday. Lorsque vous discutez avec des day traders, vous constatez que la plupart d'entre eux passent leur temps à guetter ce type de mouvement de marché.

Néanmoins, il existe une alternative à cette forme de poursuite de la tendance. J'appelle cela le **trading en range**, bien qu'on en dénombre différentes appellations. Avant de commencer l'écriture de ce livre, j'ai consulté la littérature spécialisée dans le trading à la recherche de ce que d'autres traders avaient déjà écrit sur le sujet. Fait plutôt curieux, il n'existe presque aucun ouvrage traitant clairement de la question, alors qu'il est avéré que le trading en range ou les marchés latéraux représentent plus de 70% des activités de marché !

L'unique livre traitant explicitement de ce sujet fut publié en 2012 par Wiley. Il s'agit de celui écrit par Al Brooks, avec son titre passablement trop long: *Trading Price Action Trading Ranges: technical Analysis of Price Charts Bar by Bar for the Serious Trader*. Brooks y décrit comment trader les pullbacks et les breakouts de range, mais la façon de gérer le range en lui-même n'est que brièvement abordée à travers trois chapitres succincts.

Comme vous pouvez le voir, ce modèle de suivi de tendance s'est ancré si profondément dans la tête de la plupart des traders qu'il leur est impossible de réfléchir différemment.

C'est pour remédier à cette faille que j'ai décidé d'écrire ce livre. Il ne s'agira pas d'identifier un range pour en trader la cassure par la suite, mais plutôt de trader le range lui-même.

Je tiens à préciser qu'il s'agit là d'une stratégie de trading solide et hautement profitable. Je ne souhaite pas traiter le sujet de façon exhaustive. L'idée que les marchés latéraux puissent être plus avantageux que les marchés en tendance m'est venue progressivement à l'esprit. J'étais fasciné par les tendances et cherchais à en bénéficier autant que possible. Il m'a semblé évident après un certain temps que le trading directionnel n'était pas aussi simple qu'il y paraissait au premier abord. Cependant, je ne suis pas parvenu à trouver une solution à ce problème.

Je suis seulement allé chercher d'autres méthodes, d'autres stratégies permettant de trader la tendance.

Et il se trouve qu'il y en a des milliers.

Toutefois, il est délicat (pour ne pas dire impossible) de trouver une quelconque documentation relative à la façon de trader un simple marché en range. De temps à autre, vous tomberez sur une page Internet portant sur le sujet. Malheureusement, leurs auteurs ne font que rabâcher le même slogan : le trader devrait acheter le support et vendre la résistance. Bien essayé !

Mais comment identifier un support et une résistance ?

Comment tracer correctement les lignes de support et les lignes de résistance de façon à ce que le range soit identifiable ? Quels signaux sont à suivre et lesquels devraient être évités ? Comment et quand sortir du range ? Et que devrait faire le trader si son opération n'atteint pas l'objectif financier ?

Voilà de vraies questions de traders, et ce livre entend bien y répondre en profondeur. Bonne lecture !

2. Qu'est-ce qu'un marché en range ?

Image 3 : Un marché en range

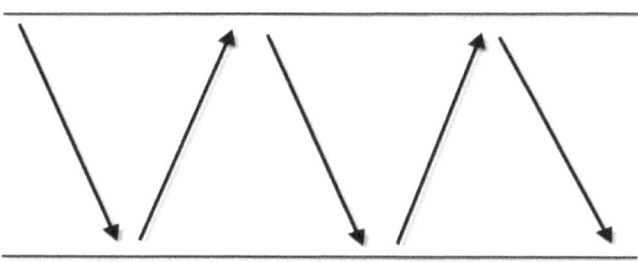

Le schéma en image 3 représente ce en quoi consiste un marché en range. Le prix va et vient entre deux extrémités que j'appelle les limites du range :

La limite supérieure (ligne horizontale supérieure) : la résistance

La limite inférieure (ligne horizontale inférieure) : le support

Toutefois, il n'est possible d'identifier un range que si le marché touche la résistance et le support à au moins deux reprises.

Image 4, US T-Note 10 Future, graphique horaire, 19–21 juillet 2017

L'mage 4 est une capture d'écran du T-Note Futures, les bons du trésor américain à échéance de dix ans. Sur la gauche du graphique, j'ai indiqué par une flèche les deux premières oscillations avec point de rencontre. Le range était né après la seconde. En général, plus il y a de points de contact avec la ligne de support ou la ligne de résistance, plus le range sera significatif (ou solide).

De plus, il deviendra plus difficile de le dissoudre. En d'autres termes, un élément déclencheur sera nécessaire (une actualité économique importante ou bien beaucoup d'argent) pour qu'une cassure du range puisse aboutir. C'est ce qui est arrivé à la résistance dans l'exemple ci-dessus (les chandeliers blancs à l'extrême droite du graphique). Cependant, le jour précédent, une première tentative avait échoué. Le marché était de nouveau en range au bout de quelques heures, et le range s'est ainsi poursuivi. Je souhaiterais évoquer la façon de faire face à un tel scénario.

On peut également remarquer que le marché est coincé entre un niveau de support (où des acheteurs sont davantage susceptibles d'apparaître) et un niveau de résistance (d'où émanerons plus de vendeurs). Les marchés rebondissent alors alternativement entre les deux surfaces comme une balle de ping pong.

De la même manière qu'un range débute (après avoir été identifié), il est amené à se terminer un jour. Cela se produit par une cassure du range. Comme indiqué précédemment : il peut y avoir plusieurs tentatives manquées de cassure du range. Mais elle réussira à un moment ou à un autre, et alors le range sera terminé.

Je ne connais aucun moyen de prédire la fin d'un range, tout comme je suis incapable d'annoncer l'avenir d'un marché. Tout ce que je peux dire, c'est que le trader se rend compte un jour qu'une cassure du range a abouti et que le marché ne retournera pas à ce même range.

Néanmoins, le trader attentif se doit aussi de réaliser que les marchés relancent les ranges abandonnés au bout de quelque temps. J'illustrerai ceci de quelques exemples.

Le concept fondamental du trading en range consiste à ouvrir des positions d'achat dans la zone de support puis à les clôturer dès que le marché atteint la limite supérieure du range. Inversement, les traders peuvent ouvrir des positions courtes et les fermer dès que le marché atteint la ligne de support.

Le trader peut réitérer cette stratégie aussi longtemps que le marché reste à l'intérieur de la fourchette (range).

Les **avantages** de cette approche sont évidents :

- Il existe une infinité de fourchettes de prix à chaque instant, dans chaque marché financier.

- Le trading en range permet de déterminer précisément le point d'entrée et le point de sortie (achat ou vente) : grâce à la limite supérieure ou inférieure du range.

- L'objectif financier est systématiquement de l'autre côté du range : pour les positions longues, sur la limite supérieure ; pour les positions courtes, sur la limite inférieure.

- Le trading en range permet d'établir distinctement le ratio risque/rendement. Le trader sait exactement combien il peut gagner au terme de sa négociation. Si l'autre côté est à 100 points de l'entrée, le gain sera de 100 points maximum.

- Par conséquent, le trading en range permet aussi d'établir très clairement le risque. Si le trader peut gagner 100 points et souhaite travailler avec un ratio risque/rendement de 1:2, il lui faudra placer son stop 50 points en-dessous de l'entrée d'achat.

- Le taux de réussite du trading en range est régulièrement supérieur à 50%. Le trader peut par conséquent choisir un ratio risque/rendement « plus faible » et continuer d'opérer avec profit.

Un ratio risque/rendement plus faible implique que le trader risque autant de points qu'il souhaite en obtenir. Dans l'exemple ci-dessus, il pourrait choisir de placer le stop à 100 points de l'entrée, même en ayant un objectif de

100 points. Dans ce cas, le trader opère avec un ratio risque/rendement de 1:1. Il lui faudrait atteindre au minimum 51% de taux de réussite pour que son échange soit rentable (avant les commissions).

Loin de moi l'idée de critiquer. Il y a sans doute de bonnes raisons pour lesquelles un trader choisit d'opter pour ce type de modèle. L'avantage en est évident : le marché frappera son ordre stop moins souvent. S'il perd en revanche, il perd deux fois plus qu'avec le modèle 1:2.

Cela dit, n'occultons pas le fait que les stratégies de trading en range, comme toutes autres les stratégies, comportent des **inconvénients** :

- En définissant clairement un objectif financier dès le début, le trading en range limite les bénéfices.

- Les marchés n'adhèrent pas toujours à la fourchette de prix en vigueur.

- Les cassures de range, qui interviennent à l'opposé de la position du trader, conduisent à des pertes.

- Le marché n'atteint pas systématiquement l'objectif financier, ce qui réduit évidemment le bénéfice global.

- Les traders ne peuvent pas toujours identifier clairement le range.

Je reviendrai sur tous ces points en détail afin d'exposer la façon d'identifier un range. En outre, je mettrai l'accent sur le problème des fausses cassures de range à l'aide de divers exemples. De plus, j'approfondirai la question du ratio risque/rendement qui joue lui aussi un rôle important dans le trading en range. Finalement, une grande partie du succès en matière de trading repose sur la juste combinaison de gain, de risque et d'opportunités de négociation. J'évoquerai pourquoi les traders peuvent parfaitement utiliser cette formule dans le trading en range.

3. Regardez à gauche !

En discutant avec des traders, j'ai fréquemment constaté qu'en matière d'analyse graphique, très peu d'entre eux <u>regardent à gauche</u>. Qu'est-ce que j'entends par là ?

Sur un graphique financier, l'unité de temps va toujours de gauche à droite (on m'a raconté qu'en Chine ce devrait être en sens inverse, mais ce n'est évidemment qu'une plaisanterie de trader !). Par conséquent, afin de savoir ce qu'il s'est produit dans le passé, il nous faut regarder à gauche.

Bien entendu, en dépit de la nette tendance de prix indiquée du côté gauche du graphique, il nous est impossible d'en prédire l'évolution future, bien que l'idée soit séduisante. Toutefois, il existe une sorte de **mémoire de marché**. Il semble en effet que les acteurs du marché « se souviennent » des niveaux de prix notables (généralement les hauts et les bas) des jours précédents. Par « se souviennent » je veux dire qu'aussitôt que le marché retrouve un tel niveau, les intervenants le perçoivent comme plus ou moins significatif. Rien d'étonnant à cela, étant donné que ces niveaux sont pratiquement l'unique élément concret parmi le chaos de données éclatées dans toutes les directions qu'affiche l'écran.

Par exemple, si l'EUR/USD du jour précédent a fait un pic à 1.1420, vous pouvez vous attendre à ce que les intervenants s'en souviennent dès que le marché atteint à nouveau le même seuil. La question demeure : le marché sera-t-il à nouveau en baisse à partir de là ? Parallèlement, dépasserons-nous ce seuil aujourd'hui ? La même question s'applique évidemment aux bas.

De tels degrés peuvent rester significatifs durant plusieurs jours, voire plusieurs semaines. Dans certains cas, le marché « se souvient » de tournants décisifs survenus des mois plus tôt. Ce fut sans doute le cas lorsque ce seuil s'est accompagné de décisions de marché majeures telles que le choix des taux d'intérêt d'une banque centrale, des élections politiques ou d'autres dispositions, susceptibles de modifier intrinsèquement la perception d'un marché. Le trader devrait être attentif à des seuils similaires. Les marchés ne restent pas inactifs face à eux.

La difficulté de tracer des lignes horizontales sur le graphique, afin de mettre en évidence ces échelons, réside bien sûr dans l'interprétation de ce qui est important et de ce qui ne l'est pas. Parfois, le trader est amené à effectuer des corrections car la fluctuation des prix semble se diriger vers un seuil plus important que ce que le trader avait initialement privilégié. Il n'y a pas de honte à dessiner une ligne sans conséquences sur le graphique, tandis qu'un autre niveau plus négligé nécessite de constantes retouches.

Bien que faisant cela depuis des années, il m'arrive de temps à autre de me tromper et de procéder à des corrections. Une fois encore, Mr Marché s'amuse à se jouer des prévisions des participants. Il nous faut dire au revoir à l'idée que ceci est une science exacte.

Image 5 : EUR/USD, graphique en données de 4 heures, du 12 juin au 2 juillet 2017

Afin d'illustrer l'importance de « regarder à gauche », prenons un segment de l'Euro-Dollar datant de juin 2017. Les flèches indiquent les seuils de prix où le marché s'est souvenu de hauts et de bas survenus au cours des jours précédents. Dans certains cas, le marché adopte d'ailleurs exactement le même prix dès que le seuil est atteint. Dans d'autres cas, il s'amplifie légèrement avant de faire marche arrière.

En d'autres termes, les marchés ont tendance à retourner dans un premier temps aux niveaux de prix précédemment conquis avant de poursuivre leur développement. Des traders expérimentés peuvent gérer de tels replis, mais ce n'est pas là le sujet du livre.

Bien entendu, il vous est possible de trader même sans posséder ce savoir. Cependant, si vous souhaitez vous tourner vers le trading en range, « regarder à gauche » devrait devenir l'une de vos devises. Régulièrement, vous repérerez sur la gauche du graphique un élément auquel se rapporte encore le trading sur le marché en cours. N'est-ce pas là un précieux élément d'information ?

Or donc, « regarder à gauche » n'est pas une formule magique qui vous permettra uniquement de faire des bénéfices sur la place boursière. Cette méthode vous aidera à identifier plus distinctement le « terrain de jeu » en vigueur.

Cela est particulièrement appréciable en matière de trading en range, car en étant capable d'identifier les limites des conditions de négociation, vous trouverez les points d'entrée et de sortie de vos opérations futures. Le trading en range est très simple. Néanmoins, afin de le faciliter, vous devriez d'abord lire clairement le côté gauche du graphique.

Lorsque vous aurez appris à être attentif à ces points importants, vous disposerez au moins d'une chance d'accéder à la situation actuelle du marché. Bien qu'il vous soit toujours impossible de faire des prédictions – personne ne le peut –, vous pourrez formuler une estimation réaliste de la direction que prendra la future évolution des prix. Si vous êtes capable de prendre la bonne décision dans plus de 50% des cas, alors vous serez capable de développer une activité lucrative.

Afin que vous soyez apte à le faire, il nous faut d'abord aborder la façon de tracer convenablement les lignes de support et de résistance.

4. Comment bien tracer les supports et les résistances ?

Il semble y avoir une réelle confusion et de nombreuses idées erronées au sein de la communauté des traders, concernant la façon adéquate de tracer les lignes horizontales de support et de résistance. Je vais tenter de clarifier certaines méprises.

Ainsi, dans le chapitre précédent « Regardez à gauche », j'ai exposé l'importance des lignes de tendance haussière et baissière. Dans tous les cas, les traders devraient prendre ces seuils en considération.

La pratique montre cependant que « le marché » ne respecte pas toujours ces niveaux à 100%. Si le trader évalue un niveau de prix comme étant substantiel, alors de nombreux contrats changeront de titulaire autour de ce seuil. Cela signifie que beaucoup de traders fermeront leurs positions ou bien les feront passer de courtes à longues ou vice versa.

C'est pourquoi on parle plutôt de **zones de support** et de **zones de résistance** au lieu de lignes de support ou de lignes de résistance. Je prendrai l'Eurostoxx50 Future (FESX) pour étayer mon propos.

Image 6 : FESX, graphique horaire,
du 10 novembre 2016 au 6 décembre 2016

Sur cette illustration de l'Eurostoxx future, j'ai tracé les deux lignes de façon « très exacte ». Autrement dit, j'ai relié la partie supérieure des deux hauts du range (à 3062 points) avec les deux bas (à 3007 points). Au premier coup d'oeil, l'image semble très ordonnée. J'ai assez bien embrassé l'écart. En regardant plus attentivement cependant, on constate que de nombreuses étapes importantes n'ont pas touché la ligne. C'est le cas pour le support, et inévitablement pour la résistance.

Il semble que le marché ait eu une vision légèrement variable selon le positionnement de ces niveaux au fil du temps, comme je l'ai supposé à travers ma représentation hypercorrecte. C'est pourquoi il n'y a pas de mal à adapter progressivement vos lignes en fonction des renversements de tendance du marché.

Vous devriez éviter d'attendre que le marché respecte systématiquement vos seuils, cela n'arrive pas de toute façon. C'est pourquoi j'ai quelque peu ajusté mes lignes. Le résultat est le suivant :

**Image 7 : FESX, graphique horaire,
du 10 novembre 2016 au 6 décembre 2016, deuxième essai**

Vous pouvez constater que la fourchette est plus étroite du fait de cette rectification des lignes. La ligne de résistance est désormais à 3055 points et la ligne de support à 3011 points. J'ai même fait le sacrilège de tracer ma ligne à travers plusieurs ombres et quelques chandeliers.

En revanche, il s'avère que ce graphique permet l'apparition de beaucoup plus de points stratégiques que la première représentation. Rien que sur le support, on en compte à présent 13(!). L'image parle d'elle-même et nous indique que pour le marché, le seuil à 3011 était visiblement plus déterminant à ce moment que le premier bas à 3007 (bas du 11.11.2017).

Cela dit, la différence entre 3007 et 3011 n'est pas énorme et c'est pour cela que je parle ici de zones de support. À cet endroit, le nombre d'acheteurs devenant vendeurs s'est accru au cours de cette période, ce qui explique pourquoi le marché a en grande partie réaugmenté sa valeur. C'est parce que cela s'est produit davantage avec 3011 qu'avec 3006 que j'ai également ajusté la ligne. Ni plus, ni moins.

Comme vous pouvez le voir, tracer des lignes « exactes » nécessite une compréhension suffisante du comportement du marché. Il n'y avait guère de contact avec la résistance lors de ma première tentative. Le marché avait manifestement fluctué un peu plus tôt, non pas à 3062 comme je le présumais initialement, mais déjà à 3055. Si vous ne prenez pas cela en compte en tant que trader, vous ne parviendrez jamais à une négociation.

5. Quels marchés pour le trading en range ?

Réponse : tous.

Il existe bien sûr certains risques que le trader devrait connaître avant de débuter. Les gaps, par exemple, posent des problèmes dans tous les marchés. Ils progressent systématiquement lorsqu'un marché ferme, peu importe l'heure, et réouvre le jour suivant (ou bien le lundi suivant en cas de week-end).

En règle générale, les gaps sont minimes et n'ont que peu d'effet sur l'issue de l'échange en cours. Certains gaps occasionnels sont toutefois plus grands. Ils peuvent intervenir en faveur ou en défaveur du trader. Des catalyseurs externes (attaques terroristes, tremblements de terre, résultats inattendus d'élections ou de sondages à l'image du Brexit) entraînent parfois des événements extrêmes sur le marché des actions. Et ils sont difficiles, pour ne pas dire impossibles à prévoir.

Récemment, des événements similaires se sont également produits, même sans catalyseur connu. Ce fut par exemple le cas du « flash crash » du 6 mai 2010, au cours duquel les actions du S&P 500 et du Dow Jones Index se sont effondrées de près de 10% en quelques minutes. Je me souviens très bien de cette journée car j'avais une petite position courte sur l'EUR/JPY. J'ai eu du mal à y croire lorsque j'ai compris que ma position valait plus de 900 pips de gains. J'ai eu de la chance ce jour-là. J'étais, pour ainsi dire, du bon côté de l'action.

Si j'avais eu une position longue sur l'EUR/JPY, j'aurais touché mon stop. Exécuter cet ordre aurait probablement été pire du fait de l'extrême instabilité, mais au moins ma position aurait-elle été retirée du marché avant de pouvoir générer une perte importante.

Devises

Par conséquent, si vous redoutez les gaps ou préférez que des événements extrêmes n'interfèrent pas dans vos opérations, je vous suggère un trading en range exclusif sur les devises. Les marchés étrangers sont ouverts 24 heures sur 24, ce qui signifie que vous n'avez pas de gap à craindre durant la nuit. Les traders devraient fermer leurs positions avant le week-end afin d'écarter le risque de gap durant le week-end. En outre, vous pourrez réouvrir facilement votre trade le dimanche soir ou le lundi matin, si votre hypothèse est toujours valide. C'est ce que font de nombreux traders.

Actions

L'avantage du trading en range sur les actions, c'est que les fluctuations des cours peuvent durer longtemps. Les traders ont alors l'occasion de négocier profitablement. Un investisseur se mettant à vendre régulièrement verra, du fait de son attitude, une zone de résistance se mettre en place à partir du moment où il atteindra un certain seuil de prix. Un trader de range éclairé pourra profiter de cette opportunité.

Ce phénomène s'observe aussi au bas du range. Occasionnellement, un gros acheteur « capture » une action à un certain prix. Cela génère une zone de support.

De tels niveaux peuvent durer des semaines jusqu'à ce que « l'acheteur » cesse d'acheter et que le cours de l'action ne commence à monter ou à descendre.

Les gaps se produisant durant la nuit sont de vrais inconvénients pour les actions car ils peuvent s'avérer extrêmes. Ils sont fréquemment bien plus importants que dans les autres marchés. Une fois, j'ai eu une position longue sur les actions du constructeur de logiciels allemand SAP. Avant même que le marché n'ouvre, la nouvelle était parvenue concernant un recul des ventes aux États-Unis. En conséquence, la séance a commencé avec plus de 8 % de moins. J'ai dû faire face à une perte massive et malheureusement, les ordres stop loss ne peuvent rien contre les gaps ayant lieu la nuit.

Cet incident fut la raison principale pour laquelle j'ai cessé le négoce d'actions. Néanmoins, comme je l'ai dit, il s'agit là de ma décision. Sur le plus long terme, l'impact d'événements aussi extrêmes est proportionné. C'est au trader de décider d'accepter ou non ces cas particuliers (à son avantage ou son désavantage).

J'en ai conclu que les actions n'étaient pas de bons outils en matière de trading à court terme, bien qu'elles puissent s'avérer occasionnellement très lucratives. Je préfère trader les marchés liquides de futures, dont les gaps de nuit excèdent rarement les 1%.

Futures

La plupart des traders professionnels que je connais négocient des futures. Il y a une bonne raison à cela. Les futures sont des outils financiers très justes et très liquides. En d'autres termes, leur exécution se déroule généralement bien et de façon équitable pour le trader. Cela s'applique aussi bien à l'entrée qu'à la sortie, de même qu'aux ordres stop loss. Des phénomènes tels que le glissement (lorsque le prix d'exécution est inférieur à ce qui était prévu) ne surviennent que rarement, pour ne pas dire jamais, ou seulement au cours de journées très volatiles.

C'est pour cette raison notamment que des contrats à terme tels que le E-Mini, le Mini-Dow, le CAC40, FDAX, ou le Nikkei 225 Future sont de bons vecteurs de négociation pour établir une stratégie de trading en range. Cependant, je recommande fortement au trader de garder un œil sur le calendrier économique. Les marchés peuvent devenir très volatiles, en particulier lorsque les banques centrales font paraître leurs décisions relatives aux taux d'intérêt.

Il vous est également possible de gérer votre trading en range avec des contrats à terme sur obligations ou sur des matières premières. Toutefois, ici encore, le trader se doit d'être attentif lorsqu'il prévoit l'arrivée d'une nouvelle importante.

En ce qui concerne les marchandises notamment, une hausse soudaine de la volatilité peut se produire, en particulier si le contrat a été pris dans un range durant un long moment. Il est souvent plus sage de fermer la position avant que les traders n'anticipent une nouvelle marquante ou un rapport économique.

6. Comment trader en range dans la pratique ?

Dans le chapitre 4, j'ai exposé la manière d'identifier un range horizontal sur un graphique. Il n'est pas toujours facile de répondre à cette question car dans certains cas, le champ d'interprétation demeure ouvert. Tout dépend alors de l'habilité du trader (ou de son expérience) à reconnaître ou non un range en tant que tel.

Les marchés financiers sont et restent des structures chaotiques, dans lesquelles personne ne sait jamais vraiment dire avec certitude ce qu'il se passe. C'est bien connu, toutes sortes de choses se déroulent en arrière-plan, et des événements inattendus (nouvelles économiques, décisions de la banque centrale) peuvent donner un coup dans le « support » ou la « résistance » comme s'ils n'avaient jamais existé.

C'est pourquoi le trader devrait toujours garder cette réalité en tête, en particulier lorsqu'apparaît sur le graphique un élément évident invitant directement à la négociation. Le trader devrait ainsi toujours travailler avec des ordres stop loss afin de protéger son compte de pertes trop importantes.

Chaque trader doit avoir conscience que peu importe ce qu'il voit ou croit voir sur un graphique, ce ne sera jamais qu'une interprétation de la réalité. Quiconque dessine une ligne sur un graphique n'a pas le pouvoir de dire : « Jusque-là et pas plus haut !.

Comme les traders expérimentés le savent, les prix peuvent toujours monter plus haut (ou plus bas), même lorsque cela paraît absurde. Le meilleur exemple est celui du marché haussier en cours (en date de septembre 2017) dans les indices boursiers américains. Durant des mois (des années), les prophètes de l'effondrement ont prédit la « fin » de ce marché haussier. Évidemment, à un moment ou à un autre, il arrivera à son terme, cela ne fait aucun doute. Néanmoins, il se pourrait que ce « bull market » dure bien plus longtemps que ce que les prophètes affirmaient. Il y a suffisamment d'exemples historiques à cela.

Les traders se reposent ainsi uniquement sur le sursis de la probabilité. Il est fort probable que le marché se retournera encore à ce stade, étant donné les points de pivot précédents. Ce n'est pas une obligation, mais les données du graphique indiquent une probabilité accrue. Et bien que ce ne soit pas nécessaire cette fois-ci, ceux qui observeront ce scénario à plusieurs reprises constateront que cela est vrai dans la plupart des cas (50%+...).

Un trader est, par conséquent, une personne qui prend des risques calculés de façon répétitive, en sachant que ceux-ci comportent un (petit) avantage statistique. C'est cet avantage statistique qui, après une série de négociations, rendra compte de la différence entre les bénéfices et les pertes. C'est sur cela que repose le trading.

Tel est précisément le cas avec le trading en range. Un trader de range est une personne qui se base sur ses observations pour supposer que les acteurs du marché respecteront les limites supérieure et inférieure de la fourchette (jusqu'au jour où le range sera cassé avec succès).

Si le trader de range part de cette hypothèse, il est judicieux qu'il suive de près les événements ayant lieu aux extrémités de la fourchette de prix, en quête d'indications qui confirmeraient ou renforceraient cette hypothèse. Étant donné que, dans les exemples ci-dessus, certains signaux du graphique horaire n'étaient pas confirmés, le trader devrait modifier le graphique avec une période plus réduite.

Par exemple, si un marché sur le graphique horaire touche une ligne de résistance, il est approprié de consulter le graphique en 30 minutes ou en 15 minutes à la recherche de preuves échangeables qui pourraient justifier une négociation. Il est de ce fait impératif que le trader attende un **signal clairement reconnaissable** avant de placer son ordre limite.

Par *signal,* j'entends que le marché devrait signifier son intention de respecter la résistance et le support. De temps en temps, le marché touchera par exemple le support puis se retournera immédiatement. Ceci pourrait être un signal, mais étant donné que le marché ne touche guère le support, le trader n'a pas le temps d'envisager une négociation. Les traders ne devraient pas ici sauter dans le train en marche, le range trading étant avant tout une histoire d'opérations calmes et calculées.

Si le marché casse le support et stagne durant plusieurs heures, ce n'est pas non plus un signal. Celui-ci n'apparaîtra au trader que lorsque le marché aura récupéré le support, quelques heures plus tard. Car il indique que les vendeurs ont tenté de faire baisser les cours, manifestement sans succès. Cette donnée justifierait selon moi une position d'achat avec la résistance comme objectif financier. Afin d'exposer plus lisiblement un signal de ce type, regardons plus en détails cet exemple de l'EUR/JPY.

Image 8 : EUR/JPY, graphique horaire, du 11 au 13 juin 2017

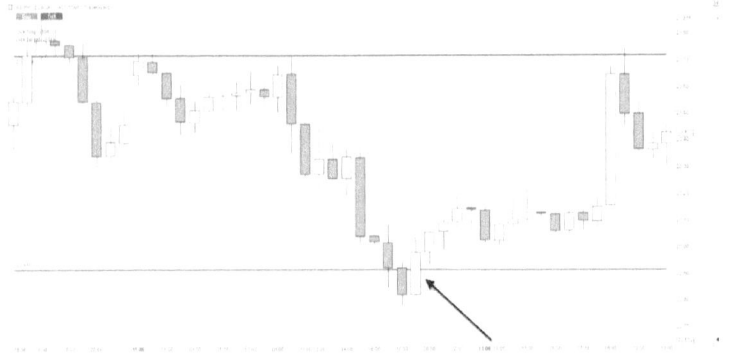

Dans cet exemple, le scénario susmentionné s'est réalisé dans le graphique horaire de l'EUR/JPY. La paire de devises s'approche du support et tombe en dessous (les chandeliers rouges sous la ligne horizontale inférieure). Le chandelier suivant est à nouveau haussier, avec un prix de clôture au-dessus de la ligne de support (flèche ci-bas). Les acheteurs ont à nouveau pris le contrôle du marché, et le marché atteste ainsi de l'existence du range.

Étant donné que le trader ne peut pas acheter après la clôture du chandelier haussier H1 pour des raisons de gestion du risque (car il lui faudrait alors acquérir quelques pips sur le support), il doit surveiller le comportement du marché à une échelle de temps plus réduite.

Vous pourriez critiquer cette méthode car de cette façon, le trader délaisse l'échelle de temps observée (graphique horaire) à la recherche d'une échelle plus réduite. Sans cela cependant, vous perdriez beaucoup trop de négociations.

Malgré tout, il faut que le trader soit conscient que plus l'échelle de temps choisie est restreinte, moins les signaux seront significatifs. En résumé, je peux recommander l'approche suivante :

Signal graphique	Entrée graphique
Graphique journalier : Horaire	Graphique en 4 heures, graphique
Graphique en 4 heures : En 30 minutes	Graphique horaire, graphique
Graphique horaire : en 15 minutes	Graphique en 30 minutes, graphique

Je trouve cela absurde pour le trader d'identifier un signal sur un graphique en 4 heures, puis de chercher une entrée dans le graphique en 5 minutes. Il devrait plutôt chercher une entrée au niveau inférieur suivant, en l'occurence sur le graphique horaire ou le graphique en 30 minutes.

Image 9 : EUR/JPY, graphique en 15 minutes, 12 juin 2017

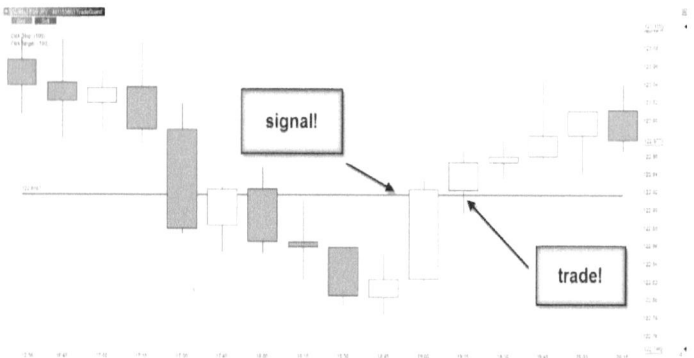

Je pourrais identifier l'exemple précité dans le graphique en 15 minutes de l'EUR/JPY. Vous pouvez voir la paire s'attarder sous la ligne de support après la cassure du support (à gauche dans le graphique). Et puis un chandelier blanc conquiert à nouveau la ligne (signal !). Ce n'est qu'à ce moment que nous avons un signal clair. Après la clôture de ce chandelier, le trader pourra placer un ordre d'achat à cours limité sur la ligne de support.

Mes critères d'entrée en matière de trading en range sont donc relativement stricts. La raison en est simple. Puisqu'un range n'inclut qu'un objectif financier restreint (et de ce fait un potentiel de rentabilité réduit), je ne veux pas réduire davantage le potentiel de rentabilité en achetant des points ou des pips au-delà de la limite, parce que des chandeliers sur un graphique ont légèrement clôturé en hausse.

Pour des raisons de gestion du risque, je calque ma négociation sur le prix exact de la ligne de support. C'est ce prix-là que je veux, et aucun autre. Si le trader procède de cette manière, il montre qu'il a l'intention de <u>jouer en suivant ses propres règles</u>, et non pas en fonction de ce qu'il est en train de se passer sur le marché.

Dans l'exemple ci-dessus, le chandelier suivant sur le graphique en 15 minutes tombe ensuite brièvement sous la ligne de support, ce qui signifie généralement que l'ordre a été exécuté. Le trader a désormais une position longue.

Si le marché n'avait pas touché la ligne de support et était reparti directement à la hausse, l'ordre n'aurait pas été exécuté. C'est notamment ce qu'il s'est produit dans l'exemple suivant.

Image 10 : EUR/JPY, graphique en 15 minutes, 13 juin 2017

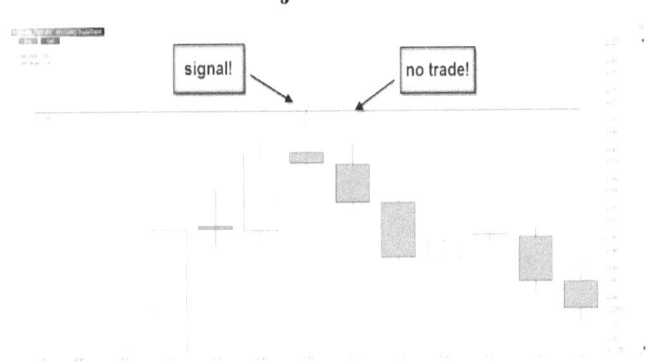

Dans cet exemple, le marché a atteint la limite supérieure du range. Dans le même temps, le prix est revenu dans le range, déclenchant ainsi un signal court sur le graphique en 15 minutes. Le trader pourrait placer un ordre de vente à cours limité sur la ligne de résistance (la ligne horizontale supérieure).

Malheureusement, le marché n'a pas exécuté cet ordre. Le chandelier suivant a ouvert quelques pips sous la ligne de résistance et s'est clôturé plus loin sans toucher à nouveau la ligne de résistance : pas d'échange !

Le marché est ensuite revenu dans la ligne de support du range. Tout ceci est « ennuyeux » bien sûr, car l'EUR/JPY a atteint son objectif financier le jour suivant. Cela « aurait été » un échange bénéfique si le trader l'avait saisi. « Si j'avais » et « aurait été » sont à proscrire du vocabulaire d'un trader. Comme l'image 10 le montre, les conditions de négociation étaient remplies mais l'ordre n'a pas été exécuté.

Je sais que certains traders auraient pris position malgré tout. Ils auraient ainsi eu à payer un prix plus réduit. Mais c'est évidemment la porte ouverte à une carrière bâclée dans le trading.

On n'insistera jamais assez : un trading fructueux implique que le trader joue selon ses propres règles. S'il ne le fait pas, il fera peut-être affaire de temps à autre mais en fin de compte, il affaiblira sa propre psyché en laissant le marché déterminer ses propres actions.

J'espère que le lecteur perçoit la différence fondamentale ! Soit le marché dirige le trader comme un navire sans capitaine, soit il définit lui-même comment et quand il entre dans le marché, et sous quelles conditions.

Bien sûr, ceci nécessite un certain degré d'inflexibilité auquel il faut s'habituer afin d'apprendre à repousser ce qui ressemble à des opportunités. Parfois, le marché vous donne des pips, et parfois il vous en prend. En tant que trader, vous n'avez aucun contrôle là-dessus. Ce que vous pouvez contrôler en revanche, ce sont les conditions sous lesquelles vous êtes disposé à agir ou non. Si vous pensez que les conditions sont remplies, agissez. Si elles ne le sont pas, gardez vos mains immobiles.

Néanmoins, c'est facile de donner des conseils. J'ai sais de par ma propre expérience à quel point je suis rapidement enclin à me ruer derrière une occasion apparente. Si vous le faites une fois, ce ne sera en aucun cas la fin du monde. Cependant, si vous le répétez encore et encore, cela se transformera en (mauvaise) habitude. Et tôt ou tard, cette habitude donnera lieu à de mauvais résultats. Au final, ces gens-là se retrouvent à blâmer les marchés financiers en prétendant que le trading ne fonctionne pas. Malheureusement, le cimetière des traders ratés est plutôt vaste aussi, s'il m'est possible d'empêcher ne serait-ce qu'un trader d'agir impulsivement, je n'aurai pas écrit ce livre en vain.

Les ordres limités sont très importants, particulièrement lorsqu'il s'agit de trading en range car chaque point et chaque pip compte. Si le trader entre dans le marché avec un ordre boursier défini par crainte de rater une négociation, il obtiendra généralement un prix bien pire. Quel véritable homme d'affaires agit de cette façon ? Pourtant, puisque l'ordre n'est qu'à un clic au cours d'un trading, il y a toujours un risque que les traders négocient de façon impulsive et acceptent des tarifs inférieurs.

J'ai un ami qui possède une société commerciale dans les jus de fruits. Après qu'il ait annulé une commande un jour, je lui ai demandé combien coûtait un camion de fraises. La réponse fut d'environ 8000€. Pensez-vous sérieusement que mon ami se fiche que le prix soit de 8100€ ou 7950€ lorsqu'il envoie un camion de fraises à travers l'Europe ? Je peux vous le dire, ça a de l'importance pour lui. Il économisera chaque euro qu'il pourra économiser ; faute de quoi il n'achètera pas les fraises.

Je pense que tout trader devrait adopter cette attitude commerciale. Négocier avec des ordres limités signifie : voici le prix que je suis disposé à payer, dans le cas contraire je n'achèterai rien !

Avec cette "mentalité avare", vous passerez à côté d'une bonne négociation de temps à autre. Cela va de soi. Toutefois, n'oubliez pas qu'il faut acheter pour faire des bénéfices. Alors soyez très parcimonieux.

Image 11 : Corn Future, graphique en 4 heures, du 16 mars au 7 juin 2017

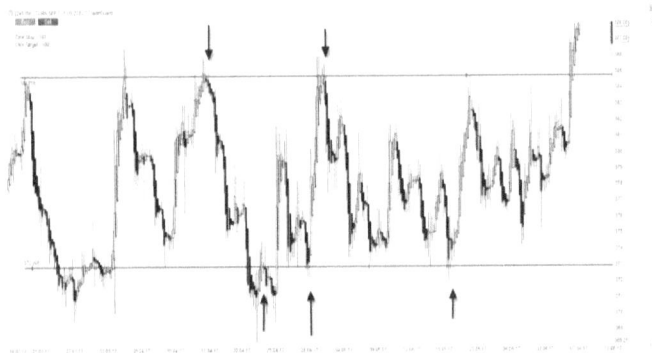

Parfois, il convient de regarder au-delà des marchés de négociation traditionnels et de jeter un œil aux « marchés non-conventionnels » tels que ceux des marchandises. J'ai repéré une fourchette d'échange plutôt intéressante dans ce future sur maïs de mars à juin 2017. Les marchés de commodités ont tendance à rester davantage de temps dans une fourchette. Si aucune nouvelle ne vient modifier la perspective fondamentale des acteurs du marché, il n'y aucune raison pour qu'une tendance apparaisse.

Dans ce cas-ci, le maïs a oscillé entre 384$ et 372$ durant trois mois. Pas grand-chose au premier regard, mais suffisamment pour un trader de futures. Après que le range soit devenu visible (il m'a fallu effectuer plusieurs corrections sur les lignes), j'ai détecté quatre signaux qui ont tous atteint leur cible. Ici, j'ai utilisé l'indicateur Heikin Ashi pour le graphique.

Image 12 : Corn Future, graphique horaire, du 16 mars au 7 juin 2017

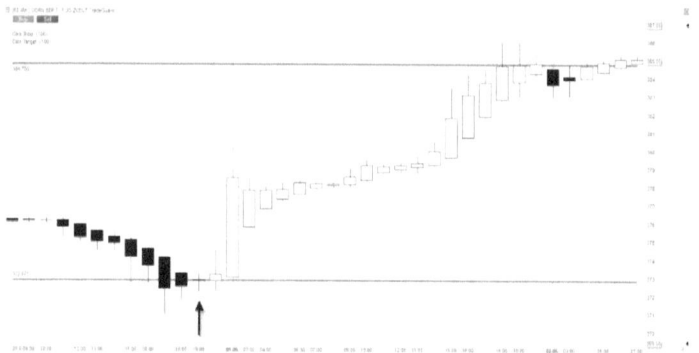

Lorsque j'ai basculé sur le graphique horaire réduit, j'ai remarqué une situation intéressante au niveau du support. Nous voyons une vague décroissante (les chandeliers noirs à gauche) ayant conduit à une petite coupure de la ligne de support. Le chandelier suivant n'indiquant pas de nouvelle baisse, le marché a tracé un doji à l'endroit exact de la ligne de support (flèche en bas).

Image 13 : Les dojis et les toupies

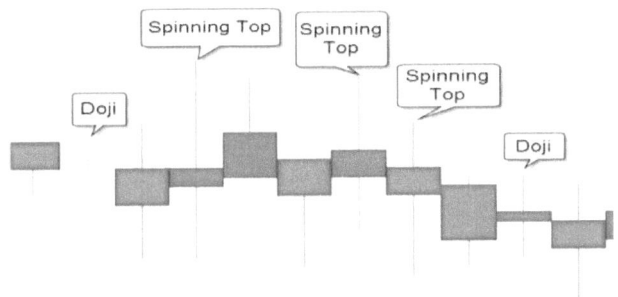

L'mage 13 montre plusieurs dojis et toupies. Les dojis n'ont pas de corps, ou bien ils sont infimes avec de petites ombres. Un doji ressemble souvent à un signe plus. Les toupies ont de longues ombres au-dessus ou en dessous de leur corps. Les deux configurations témoignent d'une incertitude sur le marché, qui n'est dominé ni par une hausse, ni par une baisse.

Un doji (comme sur l'image 12 des futures sur maïs) symbolise toujours une sorte d'équilibre entre les acheteurs et les vendeurs. D'un côté, les vendeurs ont mené le marché en zone de support. La ligne a été brièvement coupée. Puis le marché n'a connu aucune autre tendance baissière et finalement, au niveau du support, un doji est apparu. C'est selon moi une bonne raison de placer un ordre d'achat avec la ligne de résistance comme objectif. La journée de négociation suivante a confirmé cette évaluation (le 1er mai 2017).

7. Où placer le stop ?

Toute stratégie sérieuse de trading doit évaluer la question du risque. Cela est aussi le cas en matière de trading en range. Le fait que le stop n'ait pas à être placé en fonction des critères techniques du graphique est un avantage non négligeable de ce type de trading.

La raison en est simple : les limites supérieures et inférieures dessinent clairement le range. Il nous faut considérer tout ce qu'il se passe au-dessus ou en dessous de l'écart comme un « nouveau terrain » technique du graphique, qui n'appartient pas à la surface de jeu du range.

Par conséquent, je préconise de placer le stop conformément aux critères de gestion du risque et non en fonction de certaines configurations du graphique. Par exemple, si vous êtes prêt à risquer autant que ce que vous pouvez gagner, vous pouvez simplement calculer la distance du stop par rapport au prix d'entrée en vous basant sur la largeur du range.

À titre d'exemple, si le range fait 100 points de large, il est possible pour le trader de placer le stop 100 points en dessous du prix d'entrée (ou 100 points au-dessus de l'entrée pour une position courte).

Étant donné que le trader risque autant qu'il peut gagner, il lui faut un taux de réussite d'au moins 51% pour que ceci soit rentable.

Trader A : RRR = 1:1

51 négociations réussies x 100 = 5100 points

49 négociations perdues x 100 = 4900 points

Total net :   200 points

    Le trader A, avec son ratio risque/rendement de 1:1, a besoin d'un bon taux de réussite, supérieur à 50% s'il souhaite gagner de l'argent.

    Certains traders préfèrent cependant déterminer les bénéfices proportionnellement au pourcentage de pertes. Ces traders-là souhaitent surtout gagner davantage lorsqu'ils gagnent, et perdre moins lorsqu'ils perdent. Ils optent par exemple pour un ratio risque/rendement (RRR) de 1:2. Un trader de ce type cherchera à réaliser un bénéfice de 100 points dans un range de 100 points de large. Toutefois, son stop n'est équivalent qu'à 50% du range. Il le placera à 50 points du prix d'entrée. Dans ce cas, le calcul serait le suivant :

Trader B : RRR = 1:2

34 négociations réussies x 100 = 3400 points

66 négociations perdues x 50   = 3300 points

Total net :   100 points

Le trader B est donc dans une position confortable car il n'a besoin « d'avoir raison » qu'à 34% pour que ses échanges soient rentables. L'inconvénient de cette méthode étant évidemment que le marché touchera le stop plus souvent que dans le système du trader A, où le stop est placé plus loin du prix d'entrée.

Bien sûr, il existe un nombre infini de modèles variables de gestion du risque en plus de ces deux-là. Je connais par exemple un négociant en pétrole qui travaille même avec des ratios risque/rendement négatifs. Son stop est placé très loin du marché existant, généralement à 200 centimes ou plus. Ses objectifs financiers sont plus réduits cependant, 20 ou 30 centimes en règle générale. Le marché ne touche que rarement son stop, et il ferme habituellement sa position lorsqu'il se rend compte que la négociation prend la mauvaise direction. Il a une sorte « d'arrêt de circonstance » interne, tandis que son véritable stop n'est qu'une espèce de stop en cas de catastrophe.

Je ne vous conseille pas de l'imiter. Cela fonctionne pour lui, mais je suis persuadé que beaucoup de traders ne se sentiraient pas à l'aise avec cette gestion du risque-là.

En fonction du modèle de risque, le trader peut modifier les paramètres de différentes façons afin d'optimiser le résultat. Le trader A, qui travaille avec un RRR de 1:1, ne pourra pas modifier grand-chose à son taux de réussite car celui-ci est déjà élevé (plus de 50%). En revanche, à l'image du négociant en pétrole, il peut tenter de fermer ses positions perdantes plus rapidement et de ne pas les laisser toucher le stop.

Si, par exemple, il lui était possible de perdre une moyenne de seulement 70 ponts au lieu de 100, son résultat net serait bien meilleur.

Trader A : RRR = 0.7:1

51 négociations réussies x 100 = 5100 points

49 négociations perdues x 70 =   3430 points

Total net :   1670 points

Dans ce cas, le trader A peut s'attendre à un bénéfice net de 1670 points ou 16.70 points par négociation après 100 négociations. Cela sonne mieux que les quelques 2 points par négociation initialement réalisés (si le trader permet systématiquement que les positions perdantes soient stoppées à 100, et pas avant).

De plus, il est possible pour le trader B de maximiser son résultat. Étant donné qu'il travaille déjà avec un stop loss nettement plus limité que le trader A, les options d'optimisation sont plus réduites (bien qu'elles existent tout de même). Le trader B devrait tenter d'atteindre un meilleur taux de réussite en sélectionnant ses échanges de manière qualitative. Il pourrait alors tenter d'accéder à un taux de réussite de 50% au lieu d'un taux de réussite de seulement 34%. Si tel était le cas, les résultats se présenteraient ainsi :

Trader B : RRR = 1:2

50 négociations réussies x 100 = 5000 points

50 négociations perdues x 50 = 2500 points

Total net :   2500 points

Dans ce cas, le trader B pourrait même espérer un bénéfice net de 2500 points ou 25 points par négociations après 100 négociations. Le résultat est ici encore meilleur que celui obtenu par le système optimisé du trader A.

Bien sûr, ces exemples ne sont qu'hypothétiques et la bataille pour la rentabilité s'avère souvent plus difficile dans le trading réel que ce qu'il peut sembler ici. Lorsque je dis que le trader B peut obtenir un tel résultat, cela ne se produira que s'il améliore la qualité de ses négociations. Dans cet ouvrage, il s'agira également de prendre conscience, de la meilleure façon possible, qu'il y aura toujours des négociations perdues. À chaque fois que vous envisagez une stratégie de trading telle que le trading en range, vous devriez systématiquement prendre en compte de façon réaliste le volume de négociations réussies ET perdues.

8. Questions de gestion des négociations

A. Devrais-je fermer ma position avant le weekend ?

Une fois que le trader a identifié efficacement le point d'entrée, le point de sortie (objectif) et le niveau de stop loss, la question demeure de savoir comment « piloter » une négociation en cours tant que ni l'objectif financier, ni le stop n'ont été atteints. Cette question se pose tout particulièrement à la veille du week-end (élections) et avant des événements majeurs pour le marché des actions (décisions concernant le taux d'intérêt des banques centrales).

Si vous préférez être « à plat » durant le week-end, je vous conseille résolument de fermer toutes vos positions en cours, qu'elles soient génératrices de profits ou perdantes. La même chose s'applique évidemment aux décisions concernant le taux d'intérêt des banques centrales. Elles ne sont pas toujours aussi significatives que certains pourraient le penser. Ici, je recommanderais de rester dans la négociation, en particulier si vous procédez à partir de périodes plus larges telles qu'un graphique horaire, un graphique en 4 heures ou même un graphique journalier. Ne vous laissez pas trop influencer par des événements de ce style. Le résultat sera parfois en votre faveur, parfois à votre désavantage. Le plus important reste la cohérence de vos initiatives de négociation et l'efficacité de votre gestion du risque.

Durant les week-ends, vous courez le risque d'être surpris par un gap excédant votre stop loss le lundi ou le dimanche soir pour les traders sur le Forex (l'inverse peut également se produire : un gap du lundi excédant de loin votre objectif financier).

D'après mon expérience, les marchés équilibrent, à plus long terme, les bénéfices et les pertes de ce genre de risque. C'est pourquoi il vous faut aborder la question posément. Seuls les traders procédant avec une trop grande latitude (les traders opérant avec des positions trop grandes) devraient craindre les gaps. Ces traders ne devraient pas être sur le marché boursier. Plus vite les marchés les chasseront, plus fugace sera la douleur

B. Devrais-je utiliser des stops suiveurs lors d'un trading en range

Un stop suiveur est un instrument formidable que les traders peuvent utiliser afin de maximiser leurs bénéfices. Il est tout particulièrement important lorsque le trader a déjà une position avec une rentabilité élevée et souhaite retirer les derniers tics ou pips de la négociation. Là, un stop suiveur sera sans doute utile.

Cependant, si vous faites du trading en range, l'objectif financier est limité. À l'intérieur du range, des choses très étranges peuvent se produire. La situation du marché y est totalement différente en comparaison avec celle où le trader a une position dans une tendance durable sur le point de se terminer et souhaite en prendre les derniers points.

C'est pourquoi je recommande de ne pas utiliser un stop suiveur dans un trading en range ou un trading de canal. En règle générale, il ne vous sera pas possible d'optimiser vos bénéfices. Les stops suiveurs ont tendance à vous sortir de la négociation avant que votre position n'atteigne son objectif.

En matière de trading en range, je fais confiance au support et à la résistance. Des pics à court terme (des valeurs aberrantes) se produisent dans une direction ou dans une autre. Si vous avez alors un take profit à la limite opposée du range, vous pourriez sortir de la négociation bien plus vite que vous ne l'espériez. Voilà de petits cadeaux pour les traders en range. Ils ont un goût très doux !

C. Que dois-je faire lorsque la négociation ne va nulle part ?

Cette situation est plutôt récurrente. Vous avez une position ; la négociation est au milieu du range (elle est rentable) mais le marché n'a guère bougé depuis des heures (voire des jours). À l'approche du week-end, vous pouvez fermer votre position.

Si vous vous sentez instable, je recommande systématiquement de fermer ou d'au moins réduire la position. Par exemple, si vous avez deux contrats, vous pouvez en clôturer un et attendre de voir si le deuxième évolue de la manière désirée. Si cela ne se produit pas après un certain laps de temps, je conseille de clôturer également le second contrat.

D. Devrais-je placer le stop plus près du marché ?

Je serais très prudent ici. Comme je l'ai dit, des choses très étranges se produisent à l'intérieur du range. Vous y verrez par exemple une position longue être sur le point d'atteindre son objectif financier (la ligne de résistance) et le prix rebondir brusquement sur le support comme pour reprendre son élan avant d'atteindre finalement la limite supérieure du range. Cela se produit assez souvent.

C'est pour cette raison qu'en matière de trading en range, je ne placerais jamais le stop à l'intérieur du range.

Vous pouvez le placer légèrement plus près du niveau d'entrée afin de minimiser le risque si la négociation est proche de l'objectif financier. Cependant, comme je l'ai dit, je suis plutôt prudent et ne crois pas que de telles mesures aient une influence positive sur vos résultats (en me basant sur des centaines ou des milliers de négociations).

Le plus important selon moi, c'est que le trader apprenne à faire confiance à sa méthode. Cela aura un impact positif sur les résultats à moyen terme. Quand un trader fait confiance à sa méthode, il prend également des positions que ses rivaux ne prendraient pas. Et elles s'avèrent être souvent les plus rentables. De plus, c'est là ce qui différencie un professionnel d'un amateur. Un professionnel voit un signal et entame la négociation sans tergiverser, précisément parce qu'il connaît son approche et affirme son avantage statistique.

Quiconque use de son stop à outrance laisse entendre à son subconscient : « Je ne crois pas en cette position ».

À plus long terme (à partir de plus d'un millier de négociations), cela ne joue guère plus un rôle. Parfois, vous essuierez peut-être une perte moindre en plaçant le stop plus près, mais l'objectif sera atteint de toute façon.

Au contraire, la qualité des négociations entamées et l'homogénéité de leur déroulement optimiseront les résultats. Un ratio risque/rendement établi à au moins 1:2 bénéficiera ultimement au trader. Sous réserve que le taux de réussite soit supérieur à 33,33%.

Pourtant, ce sont-là des taux de réussite bien pessimistes. Des taux de réussite réalistes en matière de trading en range ont plutôt tendance à se situer entre 50 et 60%. Même avec un taux de réussite plus modeste de 40 ou 45%, le trading en range peut être très rentable si le trader ne manie pas le ratio risque/rendement immodérément. En supposant qu'il laisse au marché le choix entre le take profit ou le stop.

9. Exemples de marchés en range

A. Les trading ranges dans le marché des changes

Image 14 : EUR/JPY, graphique horaire, du 6 au 16 juin 2017

Un trading range n'est pas toujours simple à identifier. Il est nécessaire, comme je l'ai déjà exposé, qu'il y ait au moins deux points de contact avec la ligne de support et avec la ligne de résistance. À ce moment seulement pouvons-nous parler de range, comme dans le graphique horaire de l'EUR/JPY exposé ci-dessus. Ce n'est qu'après l'avoir détecté que le trader pourra identifier les signaux de trading (les flèches sur le graphique) associés au range.

Dans l'exemple ci-dessus de l'EUR/JPY, il y a eu six signaux : trois signaux courts (les flèches du haut) et trois signaux longs (les flèches du bas). Le range se situait entre 123,71 et 122,91, avec donc une fluctuation de 80 pips. C'est suffisant pour qu'une gestion convenable du risque soit possible. Si le trader opte pour un ratio risque/rendement de 1:2, il placera l'ordre stop loss à 40 pips du prix d'entrée.

Afin que le trader réalise son bénéfice dès que le marché atteint l'objectif de l'échange, je recommande systématiquement d'utiliser des **bracket orders** en matière de trading en range. Cela signifie que le trader a la possibilité d'accompagner la position à la fois avec un ordre stop loss et avec un take profit.

Cela comporte de nombreux avantages. D'un côté, le risque est clairement défini. Sur l'image 14, le risque était de 40 pips. En outre, l'objectif financier est également précis dès le début : 80 pips. Le trader sait ainsi qu'il négociera ce range profitablement s'il obtient au taux de réussite de plus de 33,33%. En d'autres termes, 60% des négociations peuvent s'avérer perdantes : il y aurait malgré tout un bénéfice à la fin, quoique faible.

Des préréglages clairs et précis de ce type sont inestimables si vous souhaitez faire des affaires viables sur le long terme. Les bons traders travaillent toujours avec des paramètres limpides, qu'ils peuvent définir de façon précise à tout moment. C'est également pour cela que je suis un amateur du trading en range, car ici je suis le maître du jeu.

De plus, il n'est pas nécessaire de surveiller vos négociations, en tout cas pas tant que vous travaillez dans des périodes de temps d'une heure ou plus. La plupart de ces négociations mettront de quelques heures à plusieurs jours pour atteindre leur objectif financier. C'est pourquoi nous nous attardons un peu plus attentivement sur les six positions de l'EUR/JPY en image 14.

Position 1: Courte 123.71 : Ici, le marché s'est approché très près du stop mais sans le toucher. Le marché a déclenché l'ordre take profit le jour suivant.

Position 2: Longue 122.91 : La négociation n'est pas entrée dans la problématique. Le marché a déclenché l'ordre take profit le jour suivant.

Position 3: Courte 123.71 : Le marché a déclenché l'ordre de profit le lendemain au soir.

Position 4: Longue 122.91 : Le marché a déclenché l'ordre de profit le jour suivant.

Position 5: Courte 123.91 : Le marché a déclenché l'ordre de profit au bout de deux jours.

Position 6: Longue 122.91 : Le marché a fermé la position le jour suivant, avec une perte de 40 pips.

Résultats de ces six négociations :

5 négociations réussies x 80 pips = 400 pips

1 négociation perdue x 40 pips   =   40 pips

Total net: 360 pips

Il est également intéressant de relever que la négociation à perte est due à une fausse cassure ayant eu lieu avant la cassure réelle. Toute personne capable de les distinguer aurait entamé une négociation mais il s'agit-là d'un niveau légèrement plus avancé que j'aborderai plus tard.

Il est dans un premier temps important que vous reconnaissiez les avantages de la stratégie du trading en range. C'est une méthode qui n'a rien de spectaculaire mais qui peut s'avérer très efficace si le trader l'applique régulièrement.

Cela dit, en tant que trader de range, vous ne serez pas toujours capable d'obtenir des résultats aussi excellents que ceux des six négociations de l'EUR/JPY. Par exemple, les échanges rentables ont tous atteint l'objectif financier, mais ce n'est pas toujours le cas. Le trader doit alors exploiter son plein potentiel. Si une ou deux de ses négociations n'atteignent pas l'objectif financier ou ne serait-ce que la moitié, les résultats seront nettement moins prodigieux.

En outre, sur ces six négociations, on ne compte qu'une perte. Cela correspond à un taux de réussite de 83,33%, ce qui est bien sûr excellent. Le trader n'atteindra pas toujours un tel score. Toutefois, même un taux de réussite de 50% est généralement suffisant pour que son activité soit fructueuse grâce à cette méthode.

L'activité repose sur :

1. L'observation d'un panier de marchés négociables

2. Un paramétrage clair basé sur le support et la résistance

3. Un ratio risque/rendement réaliste

Un trader peut procéder ainsi sans « contrôler » en permanence ses positions. Un temps de travail d'une ou deux heures par jour devrait être suffisant.

Image 15 : GBP/JPY, graphique en 2 heures, du 26 février au 23 mars 2017

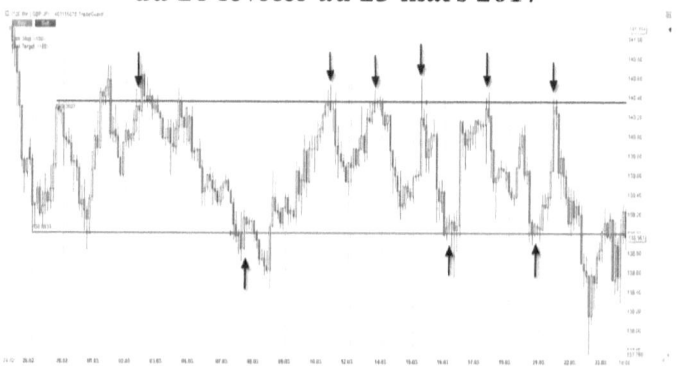

Une autre position que j'avais placée sur la paire de devises GBP/JPY a généré neuf signaux, six du côté court, et trois du côté long. J'avais fixé la limite supérieure du range à 140,35, tandis que la limite inférieure était de 139,00. Le marge de fluctuation de ce range était donc de 135 pips, ce qui est prévisible lorsqu'il s'agit d'une paire de devises telle que la GBP/JPY.

Si le trader adopte le même ratio risque/rendement qu'avec l'EUR/JPY, son objectif financier sera de 135 pips, avec un risque équivalent à 67 pips. De façon intéressante, il n'y eut aucune perte dans cet exemple. Quelques fausses cassures oui, initialement placées à l'opposé de la position, mais même les premières positions longues (flèche inférieure gauche) ont finalement atteint leur objectif malgré deux jours passés à perte.

Cependant, deux positions courtes n'ont pas atteint leur objectif (les deuxième et troisième flèches du côté supérieur gauche). Elles sont revenues à la ligne de résistance sans engendrer de pertes. Je les considérerais donc comme des breakeven. Le résultat est égal à zéro.

En dépit de cette faiblesse, sept négociations ont atteint leur objectif de prix de 135 pips. Ce qui fait 935 pips en quatre semaines !

Image 16 : USD/CHF, graphique horaire, du 22 au 31 janvier 2017

Fin janvier 2017, j'ai repéré un range modeste dans la paire de devises USD/CHF. La limite supérieure était de 1.0018 ; la limite inférieure était de 0.9972. En d'autres termes, la paire se négociait à cette période en parité monétaire (1,000). Des ranges aussi marquants se produisent assez souvent. Ici, les parties alternent volontiers leurs propriétaires, ce que démontre nettement le range. Pour un trader perspicace, il y a çà et là une opportunité de recueillir quelques pips dans le passage des acteurs importants.

B. Analyse approfondie d'une période latérale dans le E-Mini

Image 17 : E-mini, graphique en 4 heures Heikin Ashi, du 22 mai au 11 juillet 2017

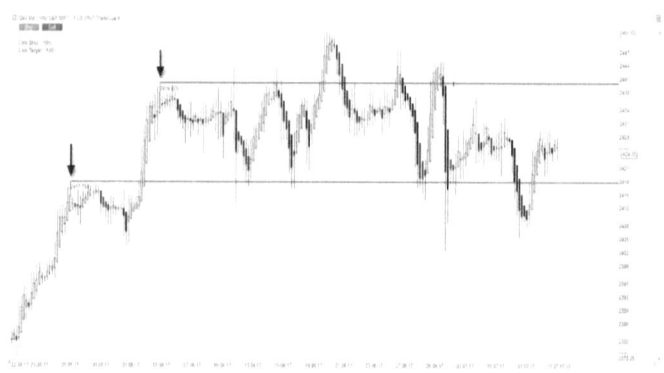

Entre fin mai et fin juillet 2017, l'indice américain S&P 500 est entré dans une phase latérale sur laquelle je me pencherai plus en détails. Les deux flèches, tout d'abord simples repères de deux hausses significatives du rallye précédent (à gauche du graphique) se sont ensuite révélées être les deux limites du range. La négociation fut dès lors relativement facile. Regardons cette période de plus près.

Image 18 : E-mini, graphique horaire Heikin Ashi, du 12 au 23 juin 2017

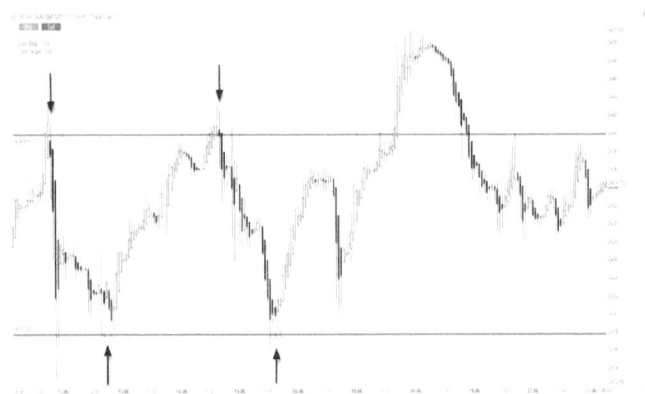

Les flèches sur le graphique horaire indiquent ici encore les signaux négociables. Il y eut deux signaux courts nets (les flèches du haut) qui ont tous deux atteint leur objectif (la ligne inférieure du range). Les deux signaux longs furent également profitables. Le second signal (la flèche de la partie inférieure droite) n'a pas atteint son prix cible, mais la négociation n'a jamais vraiment été menacée.

Certains pourraient dire que je n'ai pas interprété le premier contact avec le support (à l'extrême gauche du graphique) comme un signal. Tout s'est passé si vite qu'il n'y eut guère l'occasion pour un swing trader d'entamer une négociation. Il n'est pas nécessaire de prendre tous les signaux.

Après que le second signal long ait atteint l'objectif financier, le marché a dépassé la limite supérieure de telle façon que le trader ait pu espérer une cassure réussie. En pareilles circonstances, le trader ne devrait pas opter pour une position courte. Ce n'est que le jour suivant que le marché est repassé en range.

Image 19 : E-mini, graphique horaire Heikin Ashi, du 23 juin au 7 juillet 2017

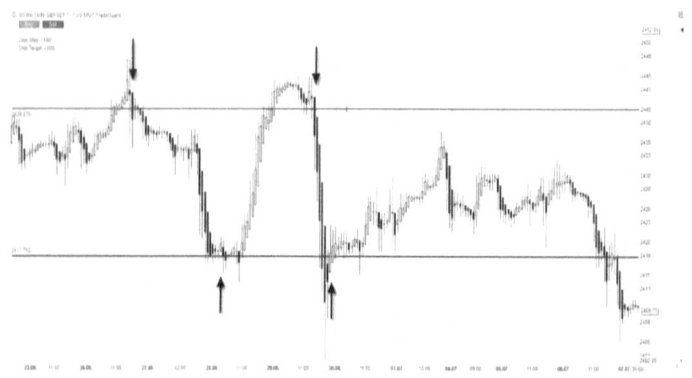

Dans la section suivante de la même période, quatre signaux sont apparus : deux longs et deux courts. Les trois premiers ont atteint l'objectif sans difficulté.

Au premier signal court (la flèche du coin supérieur gauche), le marché a cassé la ligne de résistance à court terme puis crée une toupie avant de repasser dans le range.

Le second signal a engendré un scénario similaire. Si le marché demandait initialement un peu de patience de la part du trader, une autre toupie a finalement indiqué que les acheteurs ne disposaient pas des ressources suffisantes pour maintenir durablement le marché au-dessus de la résistance.

Le premier signal long (la flèche de la partie inférieure gauche) est survenu après que le marché ait heurté le bas du range. Là, deux dojis sont apparus, ce qui a entraîné le signal long. Il fallut cependant plusieurs heures supplémentaires pour que l'E-mini se déplace à nouveau à la hausse. Vous pouvez également remarquer une légère pente descendante. Quiconque avait placé ici un stop trop serré avait probablement déjà quitté le marché. Il s'agit bien évidemment d'une supercherie classique ou d'un faux, dont je discuterai en abordant la question du placement du stop et de la minimalisation du risque.

Au second signal long, le marché est tombé en deçà du support. Un trader devrait observer cette exagération et acheter au support dans les heures suivantes. Certains dojis et toupies ont offert de nombreuses opportunités de le faire. Tant que les chandeliers Heikin Ashi sont noirs (ou rouges), il n'y a selon moi aucune raison d'acheter. Une position longue ne devrait être envisagée qu'à partir du moment où le trader remarque une tendance baissière et que le marché repasse en range.

J'aimerais que vous compreniez que cette méthode n'a rien à voir avec la précipitation. Si je manque un signal, je sais que le suivant viendra forcément. Il est très important de procéder à ce type de négociation avec précaution. Vous ne devriez agir qu'en présence d'un signal clair.

Le second signal d'achat (la flèche de la partie inférieure droite) n'a mené nulle part. Pas de perte à déplorer toutefois, lorsqu'un marché semblable à celui de cette journée évolue de façon latérale sans même atteindre la partie opposée du range, il vaut mieux, d'après mon expérience, clôturer progressivement la position ou la réduire par la vente.

Pour ce faire, le trader peut procéder de la façon suivante. Imaginons que le trader ait acheté trois contrats E-mini. Au bout de deux jours de négociation, le marché évolue à la hausse puis retombe et le trader pourrait alors vendre le premier contrat (avec un léger bénéfice). Le jour suivant, le marché évolue à nouveau de manière latérale sans toucher la limite supérieure (l'objectif). Là, il pourrait vendre le second contrat et placer le stop loss de manière à atteindre le breakeven.

Au bout de trois jours dans le marché sans atteindre l'objectif financier, la gestion du risque devrait entrer en jeu. Le dernier contrat place le trader face à un choix : attendre que le marché frappe le stop au breakeven ou rapprocher encore davantage le stop du marché.

Je penche plutôt pour la seconde variante. Non pas que je n'aie pas foi en ma méthode (après tout, l'objectif pourrait être atteint quand même), mais je sais par expérience que plus une négociation se prolonge, plus les chances que le prix ciblé soit atteint s'amenuisent. Au contraire, c'est l'inverse qui tend à se produire, comme en témoigne cet exemple.

Toutefois, une raison plus importante encore devrait vous pousser à envisager la réduction progressive en de telles circonstances. Rien ou presque de plus stressant pour un trader qu'un marché qui ne mène nulle part. Bien sûr, il y a toujours la possibilité que la négociation débouche en fin de compte sur un succès, mais elle se réduira de jour en jour. Voilà pourquoi il est préférable de mettre un terme à la négociation et d'essayer quelque chose de nouveau.

Vous découvrirez des marchés qui rapportent au trader de « légers » bénéfices sans même atteindre l'objectif financier. Comme vous le voyez, clôturer la position fut la meilleure option étant donné que le marché est tombé sous la ligne de support quelques jours plus tard.

C. Analyse approfondie d'une période latérale dans le FDAX

20 : FDAX, diagramme en 4 heures, 24 mars 2017

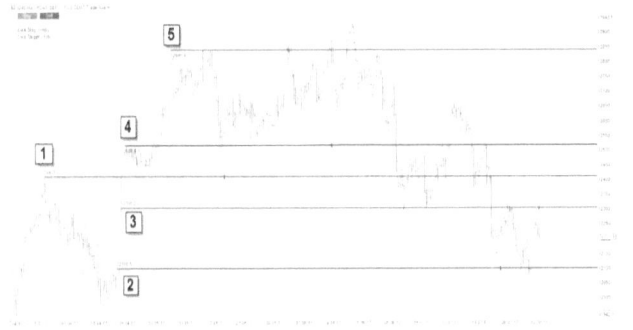

En observant ce graphique général en 4 heures des futures DAX, il convient de souligner quelques niveaux frappants. Sur le côté gauche du graphique, j'ai noté cinq points correspondant à cinq niveaux de prix ayant joué un rôle important au cours des semaines et des mois qui ont suivi, et qui le jouaient encore au moment de la capture d'écran (le 2 août 2017).

1. Le premier niveau de prix témoigne d'une hausse significative à 12 413 points le 3 avril 2017, point de départ par la suite d'une vague baissière. Plus tard en juillet, elle occupa le rôle de support dans un range.

2. Le second niveau de prix indique le prix de clôture à 12 099 points du vendredi 21 avril 2017, le vendredi précédant le premier tour des élections françaises. Après la victoire du candidat Émmanuel Macron le dimanche 23 avril, le FDAX a ouvert le lundi avec un gap haussier (le gap Macron) de 185 points. Au cours de la journée, le FDAX a grimpé de façon ininterrompue et le prix de clôture fut exactement égal à la hausse du niveau 1.

3. Le troisième niveau de prix correspond au prix d'ouverture à 12 305 points après l'élection (le gap Macron). Plus tard en juillet, ce niveau fut également le support dans un range, puis la résistance dans un autre range à la fin du même mois.

4. Le quatrième niveau indique la première hausse à 12 518 points du rallye Macron. Elle servit de résistance dans le range du 1er juillet.

5. Le cinquième niveau correspond à la hausse préliminaire du « rallye Macron » qui commença le 24 avril. Cette hausse atteignait les 12 841 points le 5 mai, et le marché ne l'avait toujours pas faite disparaître au moment de la capture d'écran (le 2 août 2017).

Ces quatre événements détermineront le champ d'action du FDAX pour les semaines à venir. Après analyse technique, le gap du 24 avril peut être considéré comme un « gap de continuation ». Cela signifie que les acheteurs sont si prédominants qu'ils ont pris les vendeurs par surprise et ont rallié le marché sans un regard en arrière.

En réalité, le « rallye Macron » a rapporté 700 points au FDAX. Pourtant, la négociation est restée délicate car le trader aurait dû ouvrir une position longue le vendredi précédent l'élection. Il lui aurait fallu supposer que Macron remporterait bel et bien le premier tour, et que le marché y répondrait favorablement. C'est le scénario qu'avaient anticipé les pronostics avant le jour de l'élection. En revanche, que ce serait-il passé si le résultat de M. Macron n'avait pas été si positif ? Si son adversaire Mme Le Pen avait obtenu un résultat favorable qui lui aurait permis d'envisager le second tour de façon concrète ? Dans ce cas de figure, le FDAX aurait-il ouvert avec un gap baissier de 185 points ? Un stop loss n'aurait été d'aucune utilité. En l'occurrence, le trader aurait dû essuyer une grosse perte.

C'est là un autre de mes reproches à l'égard du trading de tendances. Dans ce cas-là, le trader doit travailler avec des stops qu'il placera loin du cours en vigueur.

En d'autres termes, pour négocier les 700 points du rallye Macron, le trader devrait placer son stop à une distance de 200 points minimum ; dans le cas contraire, il risquerait de se faire sortir du marché par une riposte hasardeuse. Cela dit, les ratios risque/rendement de 2:7 sont toujours très positifs. En revanche, très peu de traders seraient capables de négocier ceci avec un future DAX. La plupart d'entre eux aurait besoin d'instruments financiers de moindre poids, à l'image d'un ETF sur le DAX.

Autrement dit, négocier cette sorte de tendance est plutôt réalisable mais le trader devrait alors au minimum opérer avec le graphique en 4 heures ou encore mieux, avec un graphique journalier. J'appelle ce genre de méthode du « swing trading ». J'en ai décrit le procédé dans ma collection en trois parties, " Le Swing Trading Avec Le Graphique En 4 Heures."

Les traders ayant manqué le rallye Macron (la majorité d'entre eux) doivent désormais faire face au problème d'entrer dans un marché en pleine « digestion » du rallye Macron.

Après une première hausse à 12 842 points le 5 mai, le FDAX a passé plusieurs semaines dans un trading range, avec une marge de fluctuation de seulement 200 à 250 points.

Là encore, le rallye Macron a constitué l'exception, tandis que le range qui a suivi fut la règle.

À partir du 5 mai, le FDAX a tenté à de multiples reprises de conquérir la hausse mais cela ne se produisit qu'à court terme, comme le montrent distinctement les fausses cassures sur la ligne supérieure de résistance. Par conséquent, un trader de tendances souhaitant que le marché poursuive le rallye Macron en négociant les cassures aurait été forcé de clôturer ses positions à perte au bout de quelques heures. Nous constatons que le FDAX est revenu à 200 points après chaque tentative de cassure, confirmant et renforçant le range par la même occasion.

Dans l'ensemble, il y eut plus de 10 tentatives de cassure de la résistance supérieure à 12 842 points. Au moment de la capture d'écran, le FDAX n'était toujours pas parvenu à casser la résistance. Étant donné qu'il faut au minimum deux contacts pour que le trader puisse identifier un trading range en tant que tel, les deux premiers ne correspondent pas à des signaux pour le trader de range. Ce n'est qu'à partir du troisième contact qu'il aurait pu ouvrir une position courte avec l'objectif de prix comme support. Il y en eut huit, et sept furent rentables. La cassure du 19 juin fut cependant réussie, même si le marché est repassé en range le jour suivant.

Le range s'est prolongé deux mois tandis que le rallye Macron n'a nécessité que neuf jours de négociation. Cela témoigne du fait que les fluctuations de tendance prennent généralement peu de temps, là où les marchés ne sont dans la plupart des cas pas dans un mouvement de tendance. La question étant évidemment : « Un trader peut-il profiter de n'importe laquelle de ces importantes fluctuations de tendance, et entrer et sortir à temps du marché ? »

S'il vous est possible de répondre à cette question par un « oui » bien net, alors félicitations : je vous suggère de devenir un trader de tendance. Si la réponse est « non », et bien je vous encourage à vous interroger sur votre volonté de négocier les « tendances » dans les marchés.

Image 21 : FDAX, graphique en 4 heures, du 5 au 25 mai 2017

Dans l'exemple de l'image 21 ci-dessus, les deux flèches indiquent le moment où le marché a confirmé le range. À partir de là, le trader a disposé d'un « terrain de jeu bien défini. La hausse à 12 840 du 5 mai était toujours la limite supérieure. La limite inférieure (la ligne horizontale rouge au centre) a quant à elle nécessité deux baisses à 12 667 sur le graphique en 4 heures. En d'autres termes, le trading range du FDAX ne faisait que 174 points de large. Malgré tout, cela est suffisant pour qu'un trader de range doué obtienne des signaux profitables.

Quelques heures plus tard, le marché a confirmé le range avec le contact suivant (la flèche du haut). Fait intéressant, les acheteurs n'ont pas vraiment atteint le niveau de la résistance à 12 840. Il manquait deux points. Assister à quelque chose de ce type en tant que trader vous permet d'obtenir des informations intéressantes de la part du marché. Les acheteurs n'ont visiblement même pas eu le pouvoir (ni l'argent) d'atteindre la ligne de résistance, ce qui témoigne d'une faiblesse temporaire de leur part. En réalité, quelques heures plus tard, le marché a pris la direction opposée. Cette information suffit-elle pour une négociation à court terme ?

D'après moi, non. J'aurais aimé que la ligne de résistance me soit confirmée, afin de constater « l'épuisement des bulls. Cela ne s'est pas produit, je n'ai donc pas pris de position à court terme.

Le DAX a par la suite plongé au sud et a rapidement atteint la limite inférieure du range, à 12 666 (la ligne rouge). Devrais-je prendre ici une position d'achat en tant que trader de range ? Une fois encore, un simple contact avec la ligne de support n'est pas suffisant pour négocier. J'aimerais avoir la confirmation du marché que le train partira bientôt dans l'autre direction.

Comme le voyez clairement, cette confirmation n'est pas arrivée mais le DAX est tombé plus bas encore que la limite inférieure du range. Un peu trop de naïveté par ici, et vous vous seriez fait manger tout cru par les baissiers. Le FDAX n'est allé nulle part, même arbitrairement. Il a plus ou moins atteint la première hausse du rallye Macron à 12 518 (la ligne horizontale bleue dans la partie inférieure). À vrai dire, il est arrivé à quelques points derrière le nombre rond de 12 500. Cependant, nous voyons nettement que le marché a ici changé.

Image 22 : FDAX, graphique horaire Heikin Ashi, du 17 mai au 1er juin 2017

Agrandissons un peu le graphique et observons à présent le graphique horaire sur une période de deux semaines environ, au cours de laquelle le FDAX s'est maintenu sous la ligne centrale rouge).

Après avoir glissé vers la ligne bleue du dessous (la première hausse du rallye Macron) à 12 518, le marché a changé et a créé une toupie sur le graphique horaire, témoignant d'un équilibre entre les acheteurs et les vendeurs. Certains auraient pris ici une position longue (la flèche verte du dessous) avec un objectif financier de 12 666, soit la ligne rouge centrale. Le DAX a atteint cet objectif.

Il y eut trois contacts avec la ligne de résistance mais sur les trois signaux courts, un seul (la flèche rouge du dessous) fut exécuté. Malheureusement, la négociation n'atteint pas le prix ciblé et le trader dû se retirer du marché avec une légère perte.

Après quoi le FDAX s'est maintenu à l'intérieur du trading range, réalisant un unique signal court qui ne fut pas exécuté.

Image 23, FDAX, graphique horaire, du 1er au

22 juin 2017

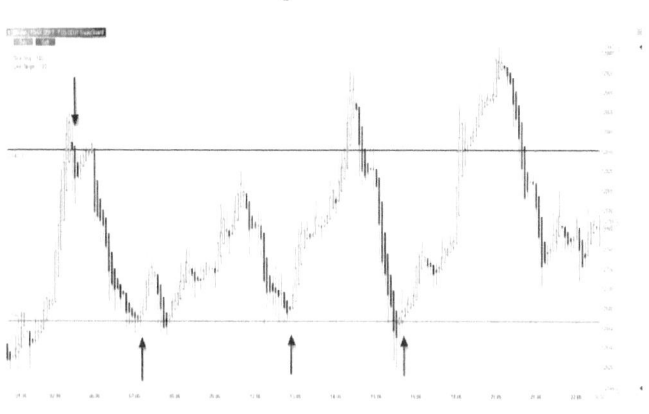

Après que le FDAX ait repris la ligne rouge centrale le 1er juin 2017, de nouveaux signaux négociables sont apparus. Un signal court est survenu le 2 juin (la flèche de gauche dans la partie supérieure) après que le FDAX ait atteint la hausse à 12 840 du rallye Macron. Le marché lui est passé au-dessus avant de former une toupie qui a déclenché un signal court à ce point précis. Le trader pourrait opter pour une position courte à la limite supérieure du range, sans perdre de vue que le marché pourrait reprendre le « rallye Macron » à tout instant.

Le côté long offrait manifestement plus de possibilités. Il y eut trois signaux d'achat (les trois flèches de la partie inférieure), tous profitables. Seul le premier signal (la flèche de la partie inférieure gauche) n'a pas atteint l'objectif (la ligne horizontale supérieure). Les deux autres sont même allés au-delà.

Les deux cassures au-dessus de la limite supérieure doivent être considérées comme réussies, même si elles se sont plus tard avérées être fausses. Le trader devrait le reconnaître au moment de la cassure. Ainsi donc, il est préférable d'attendre un signal de faiblesse clair sur la limite supérieure. Cela ne s'est pas produit au cours des premières heures qui ont suivi la cassure. C'est pourquoi je n'opterais pas ici pour une position courte.

De façon générale, une analyse approfondie d'une phase latérale plus longue dans le FDAX démontre que plusieurs signaux de trading peuvent y être envisagés, à condition que le trader ait la patience de les attendre. Ce sera bien sûr la capacité du trader à « regarder du côté gauche du graphique qui sera décisive.

10. Stratégies avancées

A. Les limites d'opportunité

Si vous maîtrisez la stratégie fondamentale du trading en range, peut-être réfléchirez-vous un jour à des stratégies plus avancées. Bien que l'approche de base, une fois correctement mise en application, puisse s'avérer très lucrative, il est logique de composer avec des méthodes que vous n'aviez pas essayées en premier lieu.

Parmi ces méthodes, il y a ce que l'on appelle « les limites d'opportunité ». Une limite d'opportunité est un « prix cassé » où le prix d'exécution est nettement en dessous du dernier prix négocié. Dans le cas d'une position à court terme, le prix d'exécution est clairement au-dessus du dernier prix négocié.

Les traders aimant travailler avec ce type d'ordre limite conjecturent sur des prix baissiers ou haussiers à court terme. Les marchés reviennent généralement dans la moyenne en peu de temps. Le flash crash que nous avons déjà mentionné, au cours duquel les vendeurs saturent brusquement le marché d'ordres de vente tandis que les acheteurs sont absents en est un cas classique.

En général, le marché s'effondre alors en quelques minutes jusqu'à atteindre un niveau suffisamment bas sur lequel les acheteurs pourront se repositionner.

Tel fut par exemple le cas pour l'indice américain S&P 500, le 6 mai 2010. En six minutes, l'indice a chuté de 6%. Dans le cas du Dow Jones Industrials, la dégringolade fut même de plus de 9%, avec une perte de presque 1000 points ! Du jamais vu. Certaines actions y ont perdu plus de 99% de leur valeur à court terme.

Tout aussi spectaculaire, le flash crash du 7 octobre 2016 fit descendre la livre sterling à 10% contre le dollar américain. La livre est malgré tout parvenue à se rétablir rapidement et à ramener la perte à 1,5%.

La crypto-monnaie Ethereum connut elle aussi un événement extrême. Le cours de l'instrument financier s'est effondré le 21 juin 2017, passant en quelques minutes de 296 à 13 dollars avant de se rétablir intégralement.

Des événements d'une telle ampleur peuvent avoir des causes différentes. Le fait est qu'un marché financier implose soit à cause d'un déficit imminent d'acheteurs, soit à cause d'un surplus de vendeurs.

Des incidents de ce type sont cependant difficiles, voire impossibles à prévoir. De plus, ils se produisent si rarement qu'il est presque exclu d'en tirer des bénéfices.

Cela dit, la « chute » n'a pas forcément besoin d'être aussi grande. Des glissements haussiers ou baissiers occasionnels se produisent dans tous les marchés et il existe, selon moi, une méthode permettant d'en profiter. En particulier si le marché est dans une tendance latérale.

Plutôt que d'être la victime d'une baisse de ce genre (l'exagération pousse l'ordre stop loss du trader de range hors du marché), le trader pourrait renverser la situation et spéculer sur ces valeurs extrêmes. Au lieu de placer l'ordre d'achat à cours limité sur la ligne de support (ou l'ordre de vente limité sur la ligne de résistance), il attendrait qu'un glissement se produise et placerait l'ordre limite d'achat sous la ligne de support, dans l'espoir qu'une cassure courte exécuterait l'ordre.

C'est pourquoi j'appelle ce type d'ordre une « limite d'opportunité », car le trader n'est pas satisfait du prix en vigueur mais souhaite entrer dans le marché à un meilleur prix. Le trader devient pour ainsi dire « chasseur de bonnes affaires.

Ici comme dans tous les aspects de la vie, ça n'a jamais été une mauvaise chose que de chercher à obtenir un prix plus intéressant pour quelque chose qui en vaut plus en réalité. Dans de nombreux pays, les commerçants considèrent même le marchandage comme une pratique acceptée.

En tant que trader, j'appartiens moi-même à cette espèce. Je voyage beaucoup par exemple, et prends un plaisir tout particulier à ne jamais payer le tarif (généralement gonflé) proposé par le propriétaire. Je négocie vigoureusement sous le « prix du marché ».

Je suis un jour parvenu à obtenir un magnifique appartement avec vue sur mer, au centre de Larnaka, à Chypre, au prix de 400 euros pour quatre semaines. J'ai reçu la promesse au bout de seulement huit annulations (ou aucune réponse) d'autres propriétaires. En temps normal, l'appartement aurait coûté environ 1200 euros. Je me suis même vu offrir le taxi depuis l'aéroport jusqu'au centre. À mon arrivée, le sympathique gérant de l'immeuble m'a lancé ce regard qui signifiait « Comment avez-vous bien pu obtenir ce prix ? » C'est sa fille qui avait accepté mon offre en ligne et lorsqu'il m'a donné la clé, j'ai littéralement senti ses dents se serrer. « Une fois, mais pas deux».

En réalité, la moitié des appartements n'était pas louée au cours de mon séjour. C'est pourquoi un choix s'offrait à lui : rester borné et s'accrocher à son tarif ou accepter mes 400 euros. Sa fille a choisi de prendre les 400 euros.

Ce principe commercial simple peut s'appliquer dans tous les aspects de la vie. Concernant la bourse en revanche, j'ai souvent l'impression que les traders paient volontiers les 1200 euros, voire même un peu plus. Comme s'ils se disaient : Eh bien, si le prix est dans le catalogue, alors il doit être juste ».

Malheureusement, cet état d'esprit naïf est un plaisir peu onéreux. Bien souvent, leurs ordres stop loss sont exécutés au prix sur lequel ils auraient dû placer leur limite d'opportunité. Pour faire court, les professionnels leur ont baissé le pantalon.

Cela dit, ce type de marchandage ne fonctionne pas systématiquement et le cours se maintient bien au-dessus de la ligne de support. Mais alors, vous n'obtenez aucune position. C'est aussi simple que cela.

Le fait de ne pas avoir de position semble être un problème pour certains traders. Il leur en faut toujours une, à n'importe quel prix.

Je conseillerais cependant de se montrer un peu plus pingre et de renoncer à une position plutôt que d'acheter à un prix trop élevé. Je sais bien que cela n'est pas au goût de tous, mais c'est généralement plus profitable. À titre d'exemple, je souhaiterais vous présenter certaines négociations opportunistes de l'EUR/USD.

Image 24 : EUR/USD, graphique en 4 heures,

du 19 mai au 13 juin 2017

Peut-être ne reconnaîtrez-vous pas le trading range au premier abord (les deux lignes internes bleues). La bonne situation globale a permis un range à 80 pips dans l'EUR/USD. Les lignes rouges supérieure et inférieure sont les niveaux où j'ai placé mes « limites d'opportunité ». J'opte généralement pour la moitié du range (dans ce cas précis 40 pips) en ce qui concerne les limites d'opportunité. C'est, d'après mon expérience, le niveau qui enregistre le plus de glissements haussiers » dans les tradings en range.

Si j'avais négocié en utilisant la méthode de base, le marché m'aurait sorti à perte plus d'une fois. Le marché a exécuté la limite d'opportunité à quatre reprises ; deux positions d'achat (les flèches vertes de la partie inférieure) et deux positions courtes (les flèches rouges de la partie supérieure).

Comme nous l'avons souligné concernant l'approche fondamentale, l'objectif financier est la limite opposée du range. Dans le cas de positions d'achat, il s'agit de la limite supérieure ou résistance. Pour une négociation courte, nous choisissons plutôt la limite inférieure ou support.

Cela a très bien fonctionné dans trois des quatre cas. Seule la seconde position courte a frappé le stop car l'EUR/USD s'est cassé. J'ai placé l'ordre stop loss à la moitié du range, sous le niveau d'achat (dans ce cas-là, 40 pips sous la limite d'opportunité). Le résultat serait alors le suivant :

3 négociations réussies: 3 x 120 pips = 360 pips

1 négociation perdue :   1 x 40 pips =   40 pips

Total net: 320 pips

Image 25 : EUR/USD, graphique de base,

du 19 mai au 13 juin 2017 (méthode fondamentale)

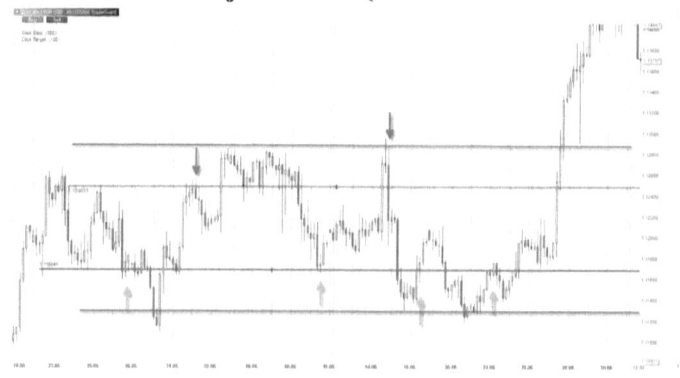

Si le trader avait agi avec l'approche fondamentale, il aurait reçu six signaux de trading au lieu de quatre : quatre signaux longs et deux signaux courts. Sur les quatre signaux longs, deux ont atteint l'objectif et deux ont frappé le stop (la ligne inférieure rouge). Les deux signaux courts ont atteint l'objectif. Là encore, jetons un œil aux résultats :

Quatre négociations réussies: 4 x 80 pips = 320 pips

Deux négociations perdues: 2 x 40 pips =   80 pips

Total net: 240 pips

Je me satisferais assez d'un tel résultat. Cependant, si vous compariez cette approche avec la méthode des limites d'opportunité, vous miseriez sur cette dernière qui offre d'encore meilleurs résultats.

En outre, la méthode opportuniste n'a nécessité que quatre négociations pour atteindre un résultat bien supérieur, et le ratio risque/rendement est également meilleur : 1:3.

L'inconvénient de la méthode opportuniste, c'est évidemment que le trader n'obtiendra pas systématiquement une exécution. La question étant alors de savoir s'il s'agit vraiment d'un inconvénient si cela vous évite à l'occasion de perdre de négociations.

Je sais que certains lecteurs se montreront perplexes face à cette alternative opportuniste ». La question pourrait bien se poser : qu'est-ce qui est le mieux désormais ? L'approche fondamentale ou la méthode utilisant la limite d'opportunité ?

Je crois que la réponse est presque d'ordre philosophique. Pour quel type de principe de négociation penchez-vous ? Une approche qui accepte le cours en vigueur et soutient que le stop loss, le ratio risque/rendement et le taux de succès s'acquitteront des tâches difficiles à votre place ?

Ou de l'autre côté, préférez-vous l'approche « Grippe-Sou, ce qui signifie que le marché vous accordera occasionnellement une remise ?

Les traders pingres doivent, évidemment, s'armer de patience car le rabais peut mettre un certain temps à venir, voire ne pas venir du temps.

L'association de ces deux méthodes est possible. Dans ce cas-là, le trader négocierait le support et la résistance sans les « si » et les « mais » et dans le même temps, il placerait une limite d'opportunité supplémentaire afin de pallier à un éventuel glissement du marché.

La combinaison de ces deux méthodes mène tout naturellement à davantage de négociations. Si vous optez tout d'abord pour la méthode fondamentale, la limite d'opportunité vous offrira, de temps à autre, une seconde chance.

B. Les faux breakouts

Par faux breakout (fausse cassure) j'entends une variante de la limite d'opportunité, bien qu'il y ait là quelque chose de différent. Un faux breakout n'est rien de plus qu'une manœuvre visant à tromper que certains acteurs du marché mettent en scène. Ils sont plutôt fréquents dans les marchés en range, la liquidité y étant plus moins élevée qu'en temps normal. Pour un acteur du marché de moyenne importance, il est relativement simple d'élaborer un faux breakout. Un exemple pourra illustrer le phénomène.

Image 26 : GBP/USD, graphique horaire,

du 20 au 23 avril 2017

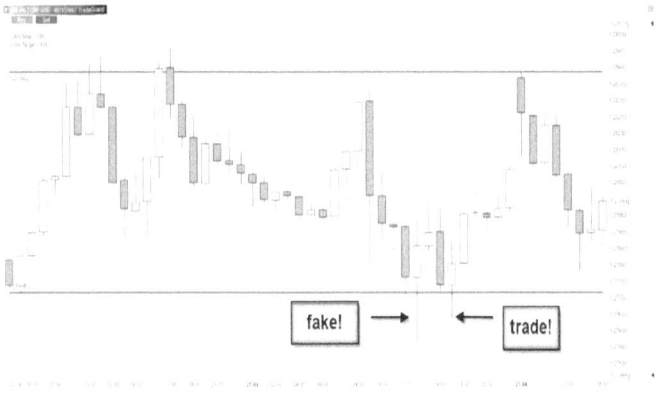

Le 21 avril 2017, le marché est tombé en deçà du range (faux breakout) pour retourner au range au cours de la même heure. Cela se produit plutôt fréquemment et peut s'avérer être une chance pour un trader futé. Il ne s'agit pas en revanche de négocier le faux en lui-même. Lorsque cela se produit, le trader a la possibilité de placer un ordre d'achat à cours limité sur la ligne de support. La probabilité que le marché exécute l'ordre est généralement élevée.

Le trader pourrait tenter de placer un ordre à cours limité légèrement plus bas, à la mi-hauteur du faux chandelier par exemple. Ceux-ci n'apparaissent généralement pas seuls.

On observe souvent un surcroît d'activité autour d'un faux chandelier, comme c'est le cas dans l'exemple de la GBP/USD. En l'occurrence, deux heures plus tard, un autre faux chandelier plus petit est apparu et a exécuté l'ordre en attente légèrement en dessous de la ligne de support.

Le trader parvenant à réaliser ceci obtiendra généralement du marché un prix très avantageux. Le marché a exécuté l'ordre take profit après le week-end, soit à l'ouverture le dimanche soir (23.00 CET).

À mes yeux, les faux comptent parmi les configurations les plus lucratives des marchés actuels. Vous constaterez souvent que les fluctuations significatives du marché ont une fausse cassure comme point de départ. Dès lors, le marché paraît se déplacer dans la mauvaise direction avant que le véritable mouvement ne se mette en place. Là encore, il semble que certains acteurs du marché cherchent à y pénétrer à des prix très bas avant de les tirer vers le haut (ou vers le bas dans le cadre d'une tendance baissière).

Si la négociation de faux vous intéresse, je vous recommande la seconde partie de mon ouvrage " Le Swing Trading Avec Le Graphique En 4 Heures.

" Dans le volume " Tradez les faux signaux !" j'explore le sujet en détails et expose la façon d'élaborer une stratégie profitable qui soit basée intégralement sur les faux.

11. Les canaux de tendance

(le trading de canal)

La communauté des traders voit généralement dans le trading range une variante du terme plus large de « trading de canal. Qu'est-ce que cela signifie ?

Le trading de canal est le nom donné à tout type de négociation où deux lignes équidistantes disposent d'une zone de résistance et d'une zone de support. Ces lignes équidistantes peuvent être à l'horizontal, comme nous l'avons vu dans le trading en range. Elles peuvent également être ascendantes ou descendantes, soulignant bien entendu sous cette forme une sorte de comportement des tendances. Nous parlons alors de canal de tendance.

De nombreuses plateformes de trading disposent déjà des outils permettant de dessiner les canaux de tendance. Si vous parvenez à relier entre elles les baisses significatives d'une tendance, la ligne de résistance sera systématiquement équidistante. En général, le trader a besoin de procéder à quelques ajustements afin d'identifier le canal.

Si vous étudiez les canaux de tendance, vous en arriverez à la conclusion qu'ils sont bien plus répandus que ce à quoi vous vous attendiez.

En outre, les acteurs du marché semblent s'en tenir au contact des canaux de tendance. C'est pourquoi je pense que le trading de canal ou la négociation avec des canaux de tendance fait incontestablement partie du répertoire d'un trader de range. Si les ranges horizontaux sont plus faciles à reconnaître au premier coup d'œil, ils sont bien plus rares que les canaux de tendance.

**Image 27 : AUD/USD, graphique horaire,
du 7 au 28 février 2017**

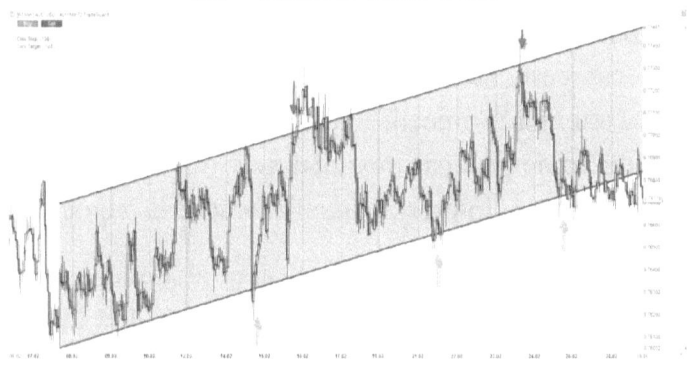

J'ai décelé un canal de tendance sur ce graphique horaire de la paire AUD/USD, et il ne semble au premier abord pas évident. Constituant la partie inférieure du canal, seules les hausses les plus élevées ont indiqué une légère tendance haussière sur ce marché.

La négociation de canaux de tendance est sensiblement plus délicate en comparaison avec le trading en range, notamment parce que l'objectif financier ne peut être déterminé avec précision. Le principe quant à lui est similaire au trading de range : acheter à la ligne de support avec la résistance comme cible et vice versa.

En traçant des lignes horizontales, il vous sera facile de trouver l'objectif. Si les lignes sont équidistantes mais ascendantes, le trader n'a pas de moyen de savoir à quel moment le marché atteindra la limite supérieure du canal de tendance. Il pourra faire une estimation, qui ne sera en aucun cas certaine. Le marché pourrait mettre plus de temps à atteindre l'objectif financier. Cela signifie bien sûr que le trader ne peut pas travailler avec des ordres bracket. Il lui faut sortir (clôturer) manuellement de la négociation.

Afin de pallier à cette faiblesse, le trader pourrait néanmoins travailler avec un ordre take profit et le régler sur « ambitieux », ce qui serait légèrement plus élevé que l'estimation qu'il avait formulée concernant le prix auquel le marché atteindrait la limite supérieure du canal. Aussitôt que la négociation évoluera en sa faveur, il pourra ajuster manuellement l'ordre take profit.

Dans l'exemple de l'image 27, il y eut cinq signaux négociables, trois signaux longs et deux signaux courts. Les deux premières négociations longues ont atteint l'objectif financier. Mais en l'absence de tendance, le trader fut contraint de retirer sa troisième négociation du marché avec soit un léger bénéfice, soit un breakeven.

En fonction du stop, la première négociation courte se sera soit terminée à perte, soit aura atteint l'objectif financier. En ce qui concerne le stop, je procède de la même façon que dans un trading en range. Je place le stop à 50% du range du canal. Dans ce cas précis, la fluctuation était de 63 pips de large. J'ai donc placé le stop à 32 pips au-dessus de l'entrée. La seconde position courte a atteint le prix ciblé.

Afin que le paramétrage vous soit clair, je vous présenterai une négociation dans la paire de devises USD/CAD :

Image 28 : USD/CAD, graphique journalier, du 9 octobre au 21 décembre 2016

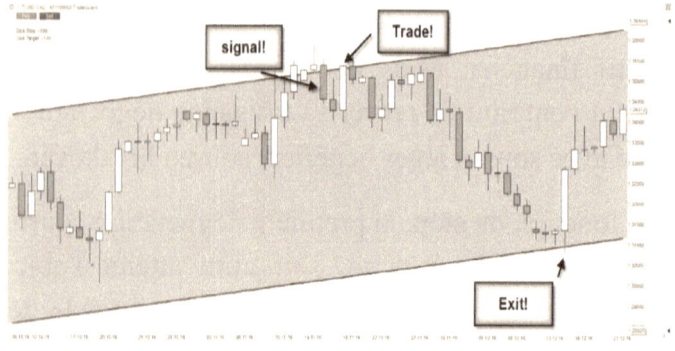

Sur le graphique journalier, la paire a atteint la limite supérieure du canal de tendance le 11 novembre 2016 et s'est clôturée au-dessus du canal. Au cours des deux jours de négociation suivants, la paire s'est maintenue au-dessus de la limite supérieure du canal. Toutefois, le second jour, une barre à broche s'est formée à partir d'un chandelier, première indication que le « breakout » du canal échouerait probablement. Cela s'est d'ailleurs produit le jour suivant avec le chandelier rouge (la flèche de la partie supérieure gauche). Ce chandelier a créé un signal court. À ce moment-là seulement, le trader a pu placer un ordre de vente à cours limité, avec la ligne de support du canal comme objectif financier. L'ordre ne fut pas exécuté le jour-même mais le suivant, après que la paire ait à nouveau assailli la limite supérieure avec un chandelier blanc (le 17 novembre 2016).

Le marché a frappé l'ordre take profit le 14 décembre 2016 (la flèche du bas). La négociation fut propice à 450 pips.

Ne devriez-vous pas négocier la tendance lorsque vous avez affaire aux canaux de tendance ? La réponse paraît évidente : oui. Toutefois, cela ne fait pas partie de mon expérience. Comme l'exemple ci-dessus le montre, la tendance de l'USD/CAD était à la hausse. Malgré tout, une position courte pourrait vous rapporter de jolis bénéfices. Les canaux de tendance sont ainsi appelés car le prix reste à l'intérieur d'un canal. Cela implique que les deux côtés ont leurs chances.

Cela s'applique également à la cassure du canal de tendance qui peut survenir à tout instant et clôturer ainsi le canal. Cette cassure peut se produire dans la direction vers laquelle pointe le canal de tendance. Toutefois, c'est l'inverse qui se produit le plus souvent. En conséquence, il n'est pas utile d'émettre des hypothèses sur telle ou telle issue : seule la négociation du canal importe.

D'un point de vue psychologique, il s'agit peut-être là du plus gros avantage en matière de trading en range et de canal de tendance : l'entrée, le stop et l'objectif financier sont clairement définis.

Mon expérience m'a démontré que beaucoup de traders débutants peuvent passer des mois, voire des années dans certains cas, à tenter de comprendre où acheter (ou vendre), où placer le stop et où clôturer la négociation (take profit). Une fois encore, j'insiste sur le fait que ces interrogations sont ce qu'elles sont : des questions de débutants.

L'avantage du trading en range est plutôt évident : il répond à toutes ces questions dès le début. Et c'est le range lui-même qui fournit les réponses.

12. Ce qui compte vraiment

À quelles questions le trader devrait-il se confronter, hormis les questions (en apparence) importantes de l'entrée, du stop et de la sortie ? Je répondrai que tout trader expérimenté s'occupe de questions très importantes, à savoir :

1. Quel est le bénéfice moyen de mes négociations réussies ?

2. Quel est la perte moyenne de mes négociations perdues ?

3. Le taux de réussite de mon système est-il élevé ou faible ?

4. Qu'est-ce que le payoff ratio (le ratio entre le bénéfice moyen et la perte moyenne ?)

5. Enfin, combien de bénéfice puis-je espérer de chaque négociation que j'entame ? Quel est le degré d'expectative de mon système de négociation ?

J'ai longuement abordé ces cinq paramètres décisifs de la profitabilité d'une stratégie de trading dans la troisième partie de ma série consacrée au scalping, " Le Scalping Est Amusant !

” Là je vous présente Jenny, une tradeuse que j'ai suivie durant 12 semaines. Le livre est exclusivement consacré aux cinq questions mentionnées plus tôt.

Vous pourrez gagner de l'argent en tant que trader si vous répondez à la question cinq par l'affirmative : le trader peut-il statistiquement espérer une issue positive pour chaque négociation qu'il entame ? Pas pour chaque négociation, mais disons en moyenne ? Les quatre autres questions se rapportent alors au niveau de cette attente.

En outre, il vous est possible d'optimiser un système de trading afin d'en accroître la profitabilité. J'ai tenté de vous exposer comment faire en utilisant la stratégie de scalping de Jenny.

Avec les stratégies de range et de canal, les traders disposent du gros avantage de pouvoir aborder les cinq questions importantes concernant le trading. Autrement dit, il est possible que la courbe d'apprentissage d'un tel trader se développe plus rapidement que la normale.

À présent, certains lecteurs se demandent peut-être si le trading en range est compatible avec mon système de scalping Heikin Ashi. Et la réponse est : « Bien sûr que oui !

C'est en utilisant le principe du support et de la résistance dans un range (ou dans un canal) que le scalping de tendance contraire Heikin Ashi jouera le plus en votre faveur. Voyons encore l'exemple de juin 2017 dans le FDAX (voir également l'image 23).

Image 28, FDAX, graphique horaire, du 1er au 22 juin 2017

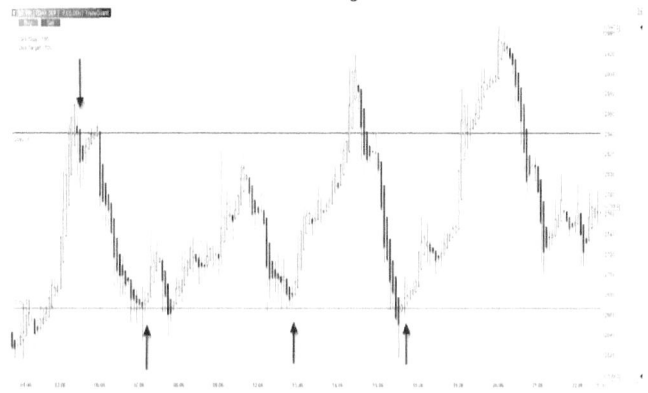

Dans cet exemple, un trader spécialisé dans les trading ranges et ayant utilisé les chandeliers Heikin Ashi obtint quatre signaux bien négociables (les flèches sur le graphique). Bien évidemment, le marché va parfois plus loin que l'objectif, comme le montrent distinctement les deux fausses cassures au-delà de la limite supérieure du range (sur la droite du graphique). Cependant, un trader futé travaillant avec les limites d'opportunité pourrait avoir ici un réel avantage. À l'instant où les chandeliers

Heikin Ashi sont passés du vert au rouge, quiconque aurait eu deux positions courtes aurait remporté un bénéfice plus important encore que s'il avait négocié le range en lui-même.

L'utilisation des chandeliers Heikin Ashi peut insuffler une impulsion additionnelle à votre trading en range. Le changement de couleur sur les lignes de support ou de résistance apporte au trader une confirmation supplémentaire. Le signal de trading s'en trouve renforcé. Si le changement de couleur survient en dehors du range, le trader obtient d'encore meilleurs signaux.

13. Le trading en range pour les day traders et les scalpers

Mes opinions sur le trading en range dans un graphique horaire ou un graphique en 4 heures, incitent souvent les lecteurs à se demander si les stratégies mentionnées pourraient s'appliquer à des périodes plus courtes. En d'autres termes, les day traders et même les scalpers peuvent-ils bénéficier de cette méthode ?

La réponse est clairement « oui ». C'est là une singularité des marchés financiers que de développer des configurations accessibles à chaque échelle de temps. Il est également très important que les traders opérant dans des laps de temps plus courts ne négligent pas les laps de temps plus importants, car ce sont en définitive les acteurs travaillant à plus grande échelle qui font bouger le marché. Un regard plus en détails sur le graphique horaire du FDAX du 3 au 21 juillet 2017 illustrera mon propos.

Image 30 : FDAX, graphique horaire, du 3 au 21 juillet 2017

Une fois encore, ce graphique nous montre que le marché est majoritairement dans un mode « latéral » tandis que les périodes en tendance sont plutôt courtes. Bien entendu, on note des exceptions au cours desquelles les marchés bougent (ou tombent) le temps de quelques semaines voire même d'un à deux mois. On constatera souvent qu'à un mouvement de ce type succède un marché sans tendance, de plusieurs mois. C'est pourquoi il nous faut nous occuper de ces « périodes sans tendance ».

Autre phénomène intéressant indiqué sur le graphique ci-dessus, le fait que les marchés aiment retourner aux ranges établis, même après les avoir laissés durant quelques jours (ou quelques semaines). Sur le côté gauche du graphique, vous pouvez voir le

FDAX quitter le range les 6 et 7 juillet pour y retourner (et le respecter !) le 10 juillet, après le week-end.

Un mouvement haussier a suivi (le 12 juillet) et puis le DAX a évolué de manière latérale deux jours plus tard (les 13 et 14 juillet). Après quoi, les 17 et 18 juillet, un mouvement baissier a ramené le DAX dans le range du 4 au 6 juillet, comme si rien ne s'était passé.

Un day trader jetant de temps à autre un œil sur le graphique horaire aurait observé ce comportement. Tout du moins, il disposerait de quelques indications sur les hausses et les baisses de la journée de négociation.

La récupération d'un ancien range se produit plus fréquemment que vous ne le suspecteriez. Les marchés sont capables de « se souvenir » d'un ancien range latéral des semaines voire un ou deux mois après dans les cas les plus extrêmes.

Aussi, si vous souhaitez connaître un peu mieux votre « marché de day trading », je vous recommande vivement d'observer les actions sur le graphique horaire et sur le graphique en 4 heures. Certaines coïncidences étonnantes pourraient vous aider à déterminer les points pivots de votre journée de négociation. Si vous utilisez des instruments tels que les graphiques

Heikin Ashi, vous aurez de grandes chances d'identifier précisément les entrées (et les sorties) sur un graphique en 5 minutes. C'est là l'un des graphiques les plus populaires auprès des day traders. Aussi, jetons un œil à un graphique intrajournalier datant du 5 juillet 2017.

Image 31 : FDAX, graphique en 5 minutes, 5 juillet 2017

Un range fut établi les 3 et 4 juillet à environ 60 points FDAX et un day trader pourrait dès lors profiter également de cette information et observer les événements aux deux limites du range (les lignes horizontales).

Sur le graphique en 5 minutes, nous remarquons que le FDAX était à la limite inférieure du range juste avant l'ouverture de la bourse de Francfort (9.00 CET).

Il avait au départ coupé le support à court terme mais aucune des tentatives des acheteurs ne s'est révélée viable. Le prix de clôture des chandeliers s'est maintenu au-dessus de la limite inférieure. Il s'agit-là bien évidemment d'une indication préliminaire signalant au day trader qu'il pourrait possiblement aller dans la direction opposée. La limite supérieure du range, situé 60 points DAX plus haut, serait l'objectif dans le cadre d'un possible mouvement haussier. Quelques minutes plus tard (peu de temps après l'ouverture de Francfort), le mouvement s'est bien produit et a atteint l'objectif en 20 minutes.

Le marché a dépassé l'objectif et a tenté « un breakout » qui s'était également révélé être un « faux breakout » une demi-heure plus tôt. Là encore, le day trader obtient d'importants renseignements indiquant que le range pourrait sans doute se poursuivre. Bien sûr, on ne peut jamais en être certain. Néanmoins, les chandeliers Heikin Ashi ont aussi montré deux tentatives futiles de dépasser la résistance. Le trader pourrait alors ouvrir une position courte sur la ligne de résistance avec la limite inférieure (la flèche rouge du bas) comme objectif. Cette idée fut elle aussi profitable tandis qu'une demi-heure plus tard, le DAX était revenu exactement là où il était à l'ouverture du marché (sur la ligne de support).

En outre, le marché est resté enthousiasmant. Pour la seconde fois, les vendeurs ont tenté de repousser le FDAX sous le range, et la manœuvre a de nouveau échoué. Une autre indication aurait aussi pu convaincre le trader de faire une autre tentative longue au niveau de la ligne de support. Bien que l'analyse se soit avérée exacte, le FDAX n'a pas atteint le prix cible aussi rapidement que les deux premières fois. Il a fallu attendre la clôture de la négociation (22.00 CET) pour que le FDAX atteigne finalement la limite supérieure. Un trader pourrait ainsi réaliser 60 points dans le FDAX à trois reprises, ce qui correspond à 4500 euros par contrat négocié.

Dans la pratique, je sais que de tels objectifs (très tardifs) sont difficiles à réaliser au cours d'un day trading. Après tout, le trader souhaitera faire une pause. Vous pouvez toujours négocier ceci en utilisant plus d'un contrat. Si le FDAX est trop onéreux, il vous est possible de de passer aux future mini-DAX récemment introduites. Comme vous le voyez, le marché s'est déplacé à l'intérieur du range pour le reste de la journée. En de pareils cas, je recommande la technique du scaling-out. Si le trader est long avec trois contrats, il peut vendre le premier à midi, un second après l'ouverture des marchés américains et laisser le troisième évoluer avec un stop à l'entrée.

Image 32 : EUR/USD, graphique en 1 minute, le 21 juillet 2017

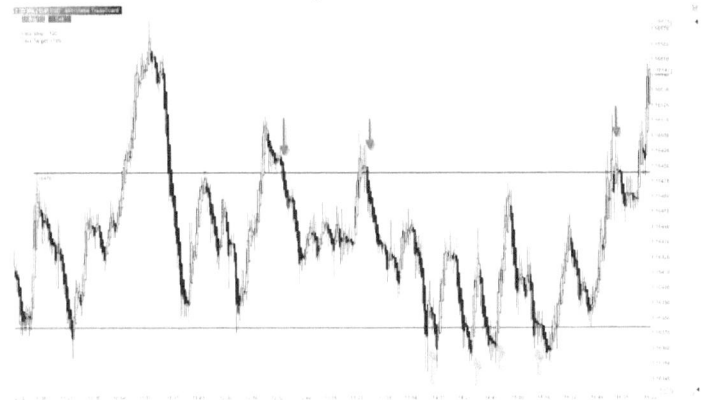

Le scalping est également très lié au trading en range. J'irais même jusqu'à dire que le scalping fonctionne ici très bien car le range signale distinctement le « terrain de négociation », comme vous pouvez le voir dans le graphique de l'EUR/USD ci-dessus. Le range dans ce cas précis n'était large que de 10 pips seulement. Je vous conseille de ne négocier des ranges aussi étroits que si les conditions du Forex sont excellentes. Celui qui qui paie pour le spread d'un pip, paie 10% du range et aurait du mal à négocier de façon profitable.

Toutefois, si vous ne payez que 0,2 ou 0,3 pips, un scalping dans un range de ce type pour s'avérer avantageux, comme le montrent clairement les signaux sur le graphique. Sur les sept signaux, seul le troisième signal court (la flèche rouge de la partie supérieure droite) s'est traduit par une perte. Là, l'EUR/USD est parvenu à se sortir du range.

Quant aux autres signaux, un scalper devrait pouvoir s'en faire des bénéfices. Néanmoins, dans cet exemple, plusieurs négociations n'ont visiblement pas atteint l'objectif financier. Deux seulement sont parvenues de l'autre côté du range.

En conséquence, nous devrions envisager le scalping comme une activité tout à fait différente du day trading ou même du swing trading. Un scalper doit apprendre à faire des bénéfices rapides. Par exemple, grâce aux quatre signaux longs (les flèches vertes de la partie inférieure droite), nous savons que le marché a déjà atteint la moitié du range. Soit les chandeliers Heikin Ashi sont passés au noir et ont à nouveau baissé, soit ils se sont un peu renforcés, comme ce fut le cas avec le premier signal d'achat (la flèche gauche).

Même si l'objectif financier était la limite supérieure du range, le scalper devrait à ce stade tenter de réaliser des gains. Si le marché lui donne cinq pips, il devrait en prendre cinq. Si le marché lui en donne trois, il devrait en prendre trois. Pour parler de façon optimiste, un bon scalper peut gagner 15 à 20 pips dans un marché de ce type. Bien entendu, si vous opérez avec un ou deux mini lots (10 000$), vous ne gagnerez pas votre vie.

En revanche, les risques de chaque position sont très raisonnables. Si le scalper ne risque que la moitié du range

(5 pips), il ne risquera que 50$ pour chaque contrat standard négocié (100 000$). Les scalpers professionnels aiment négocier avec quelques millions en présence de mouvements aussi infimes. Si un scalper de ce type réalise 10 pips avec 10 contrats standards, alors il fera 1000$ de bénéfices ce jour-là. Cela me paraît être un revenu plus acceptable.

Notez également que les techniques de scaling-out mentionnées précédemment ne fonctionnent généralement pas pour les scalpers. « Scalping » signifie simplement « couper un petit bout du mouvement d'un marché ». Prenez ce que le marché vous donne et enfuyez-vous avec l'argent. Quand bien même le marché grimperait de 10 autres points après votre sortie de la négociation. Vous serez rarement capable de négocier le mouvement tout entier.

Image 33 : EUR/CHF, graphique en 3 minutes, le 21 juillet 2017

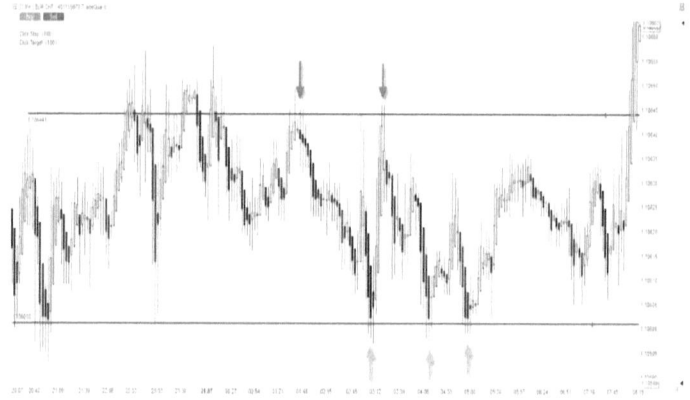

Ce que l'on appelle les « marchés de nuit du Forex » constituent des marchés de scalping très particuliers. Par « nuit », j'entends bien sûr ici la nuit européenne et la soirée américaine. La volatilité du forex y est faible à ce moment-là, et certaines paires de devises valent la peine d'être examinées, la plupart ayant une volatilité faible à l'image de l'EUR/CHF ou de l'EUR/GBP.

Souvent, ces marchés évoluent vers des ranges si étroits qu'ils parviennent difficilement à en sortir (s'ils y parviennent), comme le montre l'exemple ci-dessus de l'EUR/CHF. Ce range n'était large que de 4,5 pips. Cela est bien sûr totalement exclu pour la plupart des traders, mais des scalpers habiles avec de très bonnes conditions de marché devraient jeter un œil attentif à un marché de ce type.

Après tout, sur les cinq signaux de l'exemple, répartis sur une période de quatre heures, trois ont atteint l'objectif financier.

Sans aucun doute, cela concerne les personnes très spécialisées qui opèrent sur le marché avec des positions larges (commençant à 1 000 000$). En outre, si vous êtes européen, vous pourriez au minimum être un « noctambule » et négocier le franc suisse au beau milieu de la nuit. Pour les américains, il s'agit d'une activité nocturne bien agréable. Les travailleurs pourraient d'ailleurs également s'y essayer.

Glossaire

Indice boursier : Indicateur de performance de la bourse dans son ensemble ou de différents groupes d'équité (ex : Dow Jones Industrials).

AUD/USD : Paire de devises entre le dollar australien et le dollar américain.

Bonds : Titres sur lesquels on perçoit des intérêts.

Bracket Order : Avec un bracket order, le trader peut réduire les pertes à l'avance et déterminer la somme des gains potentiels.

Breakeven : Seuil de rentabilité.

Broker : Fournisseur de services financiers en charge de l'exécution des ordres des investisseurs.

Chandelier : Représentation des changements de prix basée sur une technique d'analyse japonaise.

Commissions : Coûts liés à l'achat et à la vente d'actions ou de contrats futures.

Courbe d'apprentissage : Décrit le taux de succès de l'apprentissage du trading au fil du temps

DAX : Indice boursier allemand.

Day trading : Correspond à la négociation spéculative d'actions à court terme. Les positions sont ouvertes et refermées au cours de la même journée de négociation, avec l'objectif de profiter des fluctuations basses des prix.

Décision sur taux d'intérêt : Se dit d'un événement durant lequel les banques centrales font part de leur décision concernant l'avenir des taux d'intérêt.

Doji : Formation en chandelier durant laquelle l'ouverture et la clôture des prix sont identiques.

Drawdown : Pertes pouvant survenir en dehors du pic, dans un certain laps de temps.

E-Mini Future : Contrat futures sur l'indice boursier américain S&P 500.

Expectancy : Indicateur montrant la moyenne des résultats au cours d'une expérience répétée indéfiniment.

EUR/CHF : Paire de devises entre l'euro et le franc suisse.

EUR/GBP : Paire de devises entre l'euro et la livre sterling.

EUR/JPY : Paire de devises entre l'euro et le yen japonais.

EUR/USD : Paire de devises entre l'euro et le dollar américain.

Eurostoxx50 Future : Future sur l'indice boursier listant les 50 plus grosses sociétés de la zone euro.

FDAX : Contrat future de l'indice boursier allemand (DAX).

Forex : Marché des changes, de l'anglais Foreign Exchange Market.

Futures : Contrat futures – contrat standardisé pour l'achat ou la vente d'une certaine quantité de biens, à un prix fixe, à une date donnée.

Gap : Différence de prix entre deux jours de négociations.

GBP/JPY : Paire de devises entre la livre sterling et le yen japonais.

GBP/USD : Paire de devises entre la livre sterling et le dollar américain.

Gestion des risques : Inclut toutes les mesures d'identification systématique, d'analyse, d'évaluation, de surveillance et de contrôle des risques.

Gestion monétaire : La gestion monétaire est une stratégie rentable visant à contrôler les risques d'un portefeuille d'actions en paramétrant la taille des positions de négociation individuelles.

Graphique Heikin Ashi : Du japonais « en équilibre sur un pied ». Représentation japonaise des changements de prix.

Taux de réussite : Le taux de réussite correspond au ratio des négociations lucratives par rapport aux négociations à perte.

Limit Order : Ordre avec un prix fixe et/ou un délai fixe d'exécution.

Liquidité : Correspond à la période durant laquelle les actions peuvent être achetées et vendues à tout moment.

Long : Être long signifie dire acheter et détenir des actions.

Lot : Un lot est l'unité de base du marché des changes (Forex) et des marchés de futures. Pour le Forex, un lot correspond à un contrat normal à 100,000 unités de monnaie front (base), par exemple la paire de devises EUR/USD vaut un lot de 100 000$.

Objectif financier : Cours boursier que devraient atteindre les actions grâce à une analyse.

Ordre Stop Loss : Ordre de vente, exécuté dès qu'un certain prix est atteint.

Ordre Take Profit : Ordre automatisé de prise de bénéfice qui se déclenche dès qu'un objectif financier prédéfini a été atteint.

Pip : Littéralement « Pourcentage en point », fait référence au plus petit changement de prix sur le marché des changes.

Position courte : Un trader est court lorsqu'il vend une position sans la posséder (vente courte).

Range : Zone de prix où le marché évolue de façon latérale.

Résistance : Seuil de prix où apparaissent plus de vendeurs que d'acheteurs.

Ratio Risque/Récompense (RRR) : Le RRR indique la pertinence d'un investissement. Il est calculé en divisant le profit espéré par la plus grande perte possible (stop loss).

Round turn : Transaction terminée durant laquelle une action a été achetée et revendue.

Scalping : Technique de trading dans laquelle le trader tente de négocier les plus petits mouvements du marché.

Signal court : Un signal de trading suggérant une vente courte.

Slippage : Différence entre le prix payé et le prix effectif lors de l'achat d'actions.

Spread : La différence entre le prix d'achat et le prix de vente.

S&P500 (Standard & Poor's 500) : Indice boursier incluant 500 des plus grosses entreprises américaines.

Stratégie d'entrée : Une stratégie qui conditionne l'entrée dans un marché.

Stratégie de sortie : Une stratégie qui conditionne la sortie d'un marché.

Suivi de tendance : Stratégie de trading basée sur le suivi une tendance clairement identifiée.

Support : Seuil de prix où apparaissent plus d'acheteurs que de vendeurs.

Toupie : Modèle de graphique constitué d'un petit corps avec de grandes ombres.

Tic : Plus petite fluctuation de prix dans un marché de futures.

Time Stop : Cet ordre clôture automatiquement une position après un nombre de périodes prédéfini.

T-Note Future : Future sur les bonds du gouvernement américain avec une maturité de 2, 3, 5, 7 et 10 ans.

Trailing suiveur : Ordre stop-loss automatiquement suivi.

USD/CAD : Paire de devises entre le dollar américain et le dollar canadien.

USD/CHF : Paire de devises entre le dollar américain et le franc suisse.

USD/JPY : Paire de devises entre le dollar américain et le yen japonais.

Volatilité : Déviation standard – indique à quel point un prix fluctue.

Autres livres de Heikin Ashi Trader

Comment Se Lancer Dans Le Trading avec 500 €

Beaucoup de nouveaux traders n'ont que très peu de capitaux disponibles dès le départ, mais ce n'est toutefois pas un obstacle à une carrière dans le trading. Cependant, ce livre ne décrit pas comment transformer un compte de 500 € en 500 000 € - car ce sont précisément ces espoirs exagérés concernant les rendements futurs qui amènent la plupart des traders débutants à échouer.

Au lieu de cela, l'auteur montre, de manière réaliste, comment vous pouvez devenir un trader à temps plein en dépit d'un capital de démarrage limité.

Cela s'applique à la fois aux traders souhaitant rester privés, ainsi qu'à ceux qui veulent éventuellement investir les fonds de leurs clients.

Ce livre montre étape par étape comment le faire avec un plan d'action concret pour chaque étape. N'importe qui peut en principe être trader, si il ou elle est prêt à apprendre comment cette activité fonctionne.

Sommaire :

1. Comment devenir un bon trader avec 500 € en poche ?

2. Comment acquérir les bonnes habitudes en trading ?

3. Comment devenir un trader discipliné

4. Le conte de fée des intérêts composés

5. Comment investir avec un compte à 500 € ?

6. Le Trading Social

7. Parlez à votre courtier

8. Comment devenir un trader professionnel ?

9. Faire du trading pour un fond d'investissement

10. Apprenez à créer votre réseau professionnel

11. Devenez un trader professionnel en 7 étapes

12. 500 € représente beaucoup d'argent

Comment scalper avec le Future Mini-DAX?

Grâce à l'introduction du Future Mini-DAX (FDXM), les traders privés avec un petit compte peuvent avoir l'opportunité de scalper de façon professionnelle l'indice boursier allemand, le DAX. Contrairement à la plupart des autres instruments financiers, les Futures sont les plus transparents et les plus efficaces pour se faire de l'argent sur les marchés financiers.

Les Scalpeurs ont beaucoup plus d'opportunités de trading que les Traders de position ou les Day Traders, ce qui constitue la vraie force de ce style de trading. Un Scalpeur doit donc organiser ses capitaux bien plus efficacement que tous les participants du marché et ainsi obtenir des rendements bien meilleurs que les autres.

Heikin Ashi Trader montre dans ce livre comment

scalper ce nouveau Future sur le DAX. Vous apprendrez comment entrer en position, comment gérer votre position et à quel moment vous devez sortir du marché. De plus, ce livre contient un grand nombre d'astuces et d'outils pour rendre votre trading encore plus efficace et plus précis.

Sommaire :

1. L'Eurex Introduit Le Future Mini-Dax

2. Le Dax Allemand, Un Marché Populaire Pour Les Traders Internationaux

3. Les Avantages Du Trading Sur Les Futures

4. Le Graphique Heikin-Ashi

5. Qu'est-Ce Que Le Scalping ?

6. Quels Sont Les Avantages De Devenir Un Scalpeur ?

7. Paramètres De Base Du Scalping Avec Heikin Ashi

8. Stratégies D'entrées

9. Est-ce intéressant de re-entrer en position ?

10. Stratégies De Sorties

11. Est-ce que les objectifs multiples sont intéressants?

12. Quand Devez- Vous Scalper Le Future Mini-Dax (Et Quand Faut-Il Eviter) ?

13. Outils Utiles Pour Les Scalpeurs

Plus De Livres Par Heikin Ashi Trader

À Propos De L'auteur

Comment Développer une Stratégie de Trading Gagnante

Pourquoi Devriez-Vous Faire L'opposé De Ce Que La Majorité Des Traders Essaie De Faire

Les traders deviennent actifs sur le marché boursier pour aucune autre raison que de gagner des points, des ticks et des PIPs, et ce autant que possible et aussi vite que possible. Ils ont donc besoin d'une méthode, d'un système, qui fait cela pour eux : accumuler de petits bénéfices en permanence, qui s'additionnent finalement pour atteindre un montant important qui s'ajoute sur leurs comptes.

L´auteur passe en revue une des recommandations clas-
siques : « couper vos pertes et laissez courir vos gains. Et
il fera tout le contraire de ce que ce conseil bien inten-
tionné suggère, car le succès dans tout business se produit
souvent lorsque vous faites le contraire de ce que fait la
majorité.

Sommaire

Partie 2 : Stratégies De Trading Avec Des Limites Serrées Et Des Stop-Loss Larges

Test 1 : Future Sur Le Bund Allemand – Stratégie De Croisements Des Moyennes Mobiles

Test 2 : E-Mini – Stratégie 1 De Croisements Des Moyennes Mobiles

Test 3 : E-Mini – Stratégie 2 De Croisements Des Moyennes Mobiles

Conclusion

À propos de l'auteur

Heikin Ashi Trader est le pseudonyme d'un trader ayant plus de 18 ans d'expérience dans le Day Trading sur les Futures et le marché des changes. Il se spécialise dans le Scalping et le Day Trading rapide. Il a également publié de nombreux livres éducatifs sur ses activités de trading. Les sujets les plus populaires sont : le Scalping, le Swing Trading, la gestion de l'argent et des risques.

Impression

actions, portefeuille d'actions, transaction ou stratégie d'investissement que ce soit.

Publié par :

Dao Press

Dao Press est une marque de

Splendid Island Ltd

Scanbox #05927

Ehrenbergstr 16a

10245 Berlin - Deutschland

www.ingramcontent.com/pod-product-compliance
Lightning Source LLC
Chambersburg PA
CBHW022003170526
45157CB00003B/1123